Grit Nitzsche

Aus meiner Gartenküche.

Die besten Rezepte der »Kräuterhexe«

Grit Nitzsche

Aus meiner Gartenküche

Die Rezepte der »Kräuterhexe«

BuchVerlag
für die Frau

ISBN 978-3-89798-472-1

2. Auflage 2015

Covergestaltung und Layout: makena Plangrafik, Leipzig
Fotos: Uwe Bender (Titel, S. 5, 9 unten, 10, 11, 13, 23, 28, 31, 34, 36, 39, 41, 47, 55, 59, 60, 61, 65, 66, 71, 72, 77, 81, 87, 90, 95, 102, 113, 120, 127, 130, 131, 132, 134, 137, 143, 146, 153, 155, 160),
Grit Nitzsche (alle übrigen Fotos), fotolia.com (S. 101)
Druck und Bindung: Print Consult GmbH, München

www.buchverlag-fuer-die-frau.de

Inhalt

Nur Mut!

Warum noch ein Kräuter-Kochbuch?

Zum Mut machen! In meiner Arbeit als »Kräuterhexe« begegnet mir seit einigen Jahren viel kulinarisches Interesse an der »wilden Natur«. Das ist wunderbar, aber noch wichtiger ist es, dass wir mit den Ressourcen, die wir nutzen wollen, auch vertraut sind.

Damit meine ich nicht nur das Wissen aus Büchern oder von Kräuterführungen, sondern vor allem auch, das Bauchgefühl zu schulen und bei Ernte und Zubereitung mit dem Herzen zu arbeiten.

Dazu gehört, die Pflanzen zu allen Jahreszeiten zu kennen, ihre Qualitäten und Potentiale für Nase, Zunge und Seele im zeitigen Frühjahr, vor und mit der Blüte oder auch während der Samenreife zu ergründen. Man sollte ihnen ansehen, ob der Standort zu Stress, Krankheiten und Ungeziefer führt oder ob sie am rechten Platz zum Sammeln stehen. Es ist gut, irgendwann – ohne viel darüber nachzudenken – entscheiden zu können, welche Pflanzenteile appetitlich sind, was noch für die rohe Zubereitung taugt oder schon gegart werden sollte, wie viel davon einer Portion gut tut oder zu viel des Guten wäre ... Und all das lernt man nicht theoretisch, sondern durch den täglichen Umgang mit den Pflanzen und ihre Nutzung.

Verlieren Sie dabei nicht die Geduld! Selbst Kräuterhexen nehmen jedes Jahr nur zwei, drei neue Pflanzen wirklich ins Repertoire auf und nutzen sie fortan. Wir haben nur früher angefangen und daher einen kleinen Vorsprung. Und wer keine Fehler macht, lernt auch nicht. Nur wenn man beim Bestimmen, Verarbeiten oder einfach im Geschmack der Pflanzen gelegentlich an Grenzen gerät, weiß man, wo sie sind. Also: Nur Mut!

Wo aber anfangen? Die Natur vor unserer Haustür und im eigenen Garten ist uns vertrauter als an anderen Orten. Aber auch dort gibt es noch viel bislang Ungenutztes zu entdecken, das zum Teil gut bekannt ist. Mit diesem Buch wende ich mich an alle Gärtner, die bisher gerupft haben, wo sich doch ernten lässt – und natürlich an die Zaungäste, die zukünftig bei der Unkrauternte helfen wollen. Ich kenne so viele Gärtner, die stolz sind auf ihre Gärten, darauf, wie gut es gelungen ist, die wilde Natur darin zu zähmen. Aber gleich darauf jammern sie, wie viel Arbeit das macht ...

Viele Gärten sind voll von nutzbaren Kräutern und Blüten, bei denen Artenkenntnis und Verwechslungsgefahr meist keine Rolle spielen – und die dem Gärtner oft sogar vertraut sind. Häufig wissen sie aber überhaupt nicht, welcher kulinarische Schatz ihnen entgeht.

Machen Sie sich deshalb mit mir auf genussvolle Entdeckungsreise durch Ihren Garten, gehen Sie zukünftig ernten statt zu jäten!

Mein Gartenjahr

Mein Gartenjahr beginnt immer schon, wenn es draußen so richtig grau und frostig ist – mit Vorfreude. Die Sehnsucht nach dem ersten Grün muss mit dem Studium von Gartenbüchern und Pflanzenkatalogen gestillt werden.

Pläne werden gemacht, Wünsche geäußert und bedacht, Raritätensamen werden erstanden, von denen später die wenigsten das zu seltene Gießen und die umso häufigeren Schneckenbesuche im Beet überstehen. Aber es wäre doch schön, den neu entdeckten großblütigen Ranker dieses Jahr vor der Haustür zu haben! Schließlich kann ich mir im Winter gar nicht vorstellen, dass die pralle Mittagssonne schon in einem halben Jahr viel zu heiß für ihn werden wird!

Und dann ahne ich, dass es bald Frühling werden muss. Mit jedem Tag Lichtentzug wird der Appetit auf frisches Grün größer, den der Treibhaus-Rucola aus dem Gemüseregal im Supermarkt auch nicht befriedigen kann. Draußen bekomme ich zwar immer noch kalte Finger, aber wenn ich Glück habe, ist es wenigstens frostfrei und die Vogelmiere sprießt willig aus der frischen Komposterde. Auch die letzten nicht geernteten Löwenzahnwurzeln werden jetzt gestochen, in feuchtem Sand mit aufs Küchenfensterbrett genommen und meine Blicke ziehen quasi täglich an den zartgrünen Blattzipfelchen. Tomaten, Neuseeländer Spinat und Kapuzinerkresse sind längst aufgegangen und müssen schon vereinzelt werden. Und am ersten »Osterstrauß« aus Lindenzweigen ist endlich genügend Blattgrün, dass eine Salatschüssel davon voll wird und mein Mann die Zweige ersetzen muss. Da berichten die ersten Kunden: »Der Bärlauch kommt schon!«

Im Garten blüht es bereits, leider noch so klein und zart, dass ich den frühen Hummeln mit schlechtem Gewissen erkläre, dass sie auch mit mir teilen sollen, jedenfalls die Gänseblümchen,

Duftveilchen und rosa-blauen Lungenkrautglöckchen, die auch mir schmecken. Mit Winterlingen, Schneeglöckchen und Co lässt sich ja leider nichts anfangen, die sind giftig.

Der **Vorfrühling** ist eine wunderbare Zeit, in der ich mich sogar über (fast) jedes sprießende Unkraut freuen kann. Sie sind auf den leeren Beeten noch keine Konkurrenz, wachsen langsam, bleiben zart und bereichern den Speisezettel enorm – und jedes Jahr gibt es dank der Winterlektüre ein bisher verschmähtes Pflänzchen mehr, das ich als Küchenschatz neu entdecke.

Typische Gartenspeisen zu dieser Zeit:

Schaumkräuter, Vogelmiere, Gänseblümchen, Primeln, Tulpen ...

Eigentlich geht es viel zu schnell, dass die **warmen Frühlingstage** kommen. Die Natur explodiert und ich hätte gerne so viel mehr Zeit, die vielen verschiedenen grünen Geschmäcker zu genießen. Der Hopfen treibt zarte Sprossen aus dem Boden – die spätestens in der darauffolgenden Woche holzig sind; der Löwenzahn ist voller Knospen – die schon drei Tage später blühen; die Holunderblüten riechen kräftig, bevor es in Kürze kleine goldene Sterne regnet. Die Welt ist voll von zartem Grün und Düften, unter anderem nach Flieder und Jasmin. Wie gut, dass ich viele Gäste auf meinem Kräuterhof habe, die genießen, was ich allein nicht konservieren kann. Bei so viel Ernte bleibt manchmal kaum Zeit, den Garten für Zukünftiges zu bestellen.

Typische Gartenspeisen zu dieser Zeit:

Giersch, Gundermann, Löwenzahn, Obstbaumblüten ...

Mit großer Blütenfülle hält der **Sommer** Einzug. Wenn sich draußen die Wiesen ein paar Tage lang voller Margeriten und rotem Klee zeigen, beginnt im Garten der bunte Reigen, der bis zum Herbst nicht abebbt. Ich wundere mich immer, dass meine Blütenküche so viel Erstaunen hervorruft, wo doch die robusten Bauernstauden so gut wie in jedem Garten vorkommen. Dafür wächst dazwischen auch das eine oder andere Wilde (oder wild gewordene), das anderswo nicht geduldet würde – und mich ganz schön auf Trab hält. Zum Dank landet das jedoch in Topf oder Pfanne, bevor ich

↗ Rezepte Seite 106

mich, wenn es dunkel wird, doch noch draußen hinsetze, um dem Igel beim Erkunden des Reviers zuzusehen und nach Glühwürmchen und Fledermäusen Ausschau zu halten.

Typische Gartenspeisen zu dieser Zeit:
Pfingstrosen und Rosen, Wicken, Melde, Funkie ...

Noch ist nicht richtig **Herbst**, aber die Gedanken gehen bereits zu Weinbeeren und Co, wenn wir zusammen mit den Kornäpfeln auch Maulbeeren und roten Holunder erbeuten, wenn zu viele Zucchini im Garten die reiche Kürbisernte ankündigen oder wenn Franzosenkraut und Melde, die ich fleißig geerntet habe, nun doch mit Nachdruck einen Seitenast zum Blühen und Aussamen schicken. Kaum bleibt Zeit für die letzte Radieschensaat und das Knoblauchstecken für das kommende Jahr und für die Ernte der Brennnesselsamen, bevor alle braun und reif sind, da quasseln die Schwalben auf der Leitung hinter dem Garten schon wieder fast ohne Punkt und Komma – bis eines Tages nur noch die streitend über den Apfelbaum herfallenden Stare zu vernehmen sind. Die starten nämlich leider viel später gen Süden.

Typische Gartenspeisen zu dieser Zeit:
Nachtkerze, Dahlie, Wegerich- und Nesselsamen, Knoblauchraukensämlinge ...

Nun tut es gut, in die **Winterruhe** zu fallen. Was keinen Frost verträgt, wird noch in Treppenhaus und Waschhaus untergebracht. Alles, was eine Schneedecke braucht (auf die ist schließlich kein Verlass mehr), wird mit Reisig bedeckt. Jetzt ist es Zeit zu bergen, was der Garten dieses Jahr fast heimlich hervorbrachte: Hübsch gewachsene Äste, immergrüne Zweige für die Dekoration und jede Menge leckere Wurzeln.

Typische Gartenspeisen zu dieser Zeit:
letzte Herbstasternblütenblätter, Löwenzahn- und Nachtkerzenwurzeln ...

Richtig sammeln

Ich stehe eigentlich immer mitten »im Salat«. Essbares wächst quasi überall. Nur lässt es sich leider nicht überall ernten und nutzen! In freier Natur lassen sich gute Sammelorte wohl am besten »mit dem Bauch« finden. Wo das Bauchgefühl sagt: »Hier ist es schön« oder »Das sieht lecker aus« – hat es meistens auch recht.

Ein Platz, der sich gut anfühlt, der dazu einlädt, sich einfach zu setzen und den Vögeln zuzuhören – ohne Angst vor Brennnesseln (die würden auf viel zu gut gedüngten Boden verweisen), Hundehaufen oder Autolärm – das ist in aller Regel auch ein guter Platz zum Sammeln. Da aber solche Plätze heute nicht mehr unbedingt ohne Weiteres überall zu finden sind, kann sich jeder glücklich schätzen, der einen Garten sein eigen nennt.

Ich denke, in Ihrem Garten wissen Sie am besten, was Sie entbehren, was Sie gleich ausrupfen, vorsichtig pflücken oder – im Falle einiger Blüten – am Ende doch nur mit Augen und Nase, aber nicht unbedingt mit der Zunge genießen wollen. Jedenfalls gilt für sehr viele Pflanzen: Je häufiger oder kräftiger der Rückschnitt, desto stärker ist der Neuaustrieb bzw. die Blütenneubildung. Weil ich so viele Blüten ernte, habe ich nicht weniger Blüten, sondern mehr. Und weil ich die Wickenblüten pflücke – mal für die Vase, mal für den Teller –, muss ich nicht die entstandenen Samenschoten abschneiden, damit sie weiterblühen. (Das würde ich sowieso vergessen.) So blüht die Wicke in meinem Garten meist bis weit in den September. Und beim Giersch habe ich gemerkt: Je mehr ich die frischen Blätter ernte, desto weniger Kraft haben die Wurzeln, weiter zu wachsen – sie treiben nur wieder neue Blätter.

Was die **Sammelzeit** angeht, so findet sich in jedem Kräuterbuch der Hinweis, möglichst am späten Vormittag zu pflücken, wenn der Tau getrocknet und die Sonne noch nicht zu heiß ist. Das stimmt! Tatsächlich bleibt auch ein Wildkräutersalat knackiger, wenn er rechtzeitig geerntet, feucht eingeschlagen und kühl gelagert wird, als wenn er die Zeit bis zum Abendessen noch im Beet, aber in voller Sonne verbringt. Trotzdem ist auch hier Entspannung angesagt! Wenn Sie Appetit haben, gehen Sie eben lieber um 17 Uhr ernten. Das ist besser als zu denken: »Ich habe heute morgen das Pflücken vergessen, also gibt es heute keinen Salat.«

Ein wenig anders ist es mit Allem, das Sie konservieren wollen. Jeder Verarbeitungsschritt und die Dauer der Lagerung reduzieren wertvolle Inhaltsstoffe, kosten also Kraft, Geschmack und Charakter. Darum sollten sie auch zum besten Zeitpunkt gepflückt, schnell und schonend verarbeitet und gelagert werden. Duftblüten erntet man natürlich am besten, wenn sie duften! Wenn aber der ganze Garten danach riecht, ist z. B. der Flieder bereits »verduftet«, in den Blüten ist nicht mehr viel drin.

Wenn nach drei Tagen Regenwetter der Phlox nicht mal beim Hineinschnuppern duftet, ist vorerst nichts mit ihm anzufangen. Und selbst den kräftigsten Duft darf man in der Küche nicht noch abwaschen.

Ernten Sie nur Pflanzen, die Sie sicher identifizieren können. Für Gärtner ist das meist eine lösbare Aufgabe. Den meisten »Wilden« in Ihrem Garten begegnen Sie ohnehin häufiger, Sie haben sie schon oft ausgerupft und würden sie immer erkennen, obwohl Sie noch nie über »Doppelgänger« nachgedacht haben. Vielleicht kennen Sie ihre Namen nicht und erst recht nicht ihre »Verwandtschaftsverhältnisse«. Manchmal sorgen dann regionale oder sogar Phantasienamen für eine eigene Identität der Eindringlinge. So tauchte vor etwa zehn Jahren zum ersten Mal ein kleines Unkraut im Garten meiner Eltern auf, das sie vorher nicht kannten: eine Pflanze mit kleinen Tuffs aus gefiederten zarten Blättchen, deren winzige und kaum sichtbare weiße Blüten dafür sorgen, dass wenig später eine Samenrispe entsteht, die bei Trockenheit oder Berührung explosionsartig hunderte Neuankömmlinge im Beet verteilt. Schnell waren sich meine Eltern sicher: eine Plage – und sie erkannten das Pflänzchen in jeder Wachstumsphase und zu jeder Tageszeit. Da sich der »Zuzug« nicht vorgestellt hatte, wurde er kurzerhand »Wolkenschäfchen« getauft und mit den nächsten Stecklingen auch in unseren Garten gebracht. Ich habe ihn als Kreuzblütler identifiziert und von ihm gekostet, bevor ich den (lateinischen) Vornamen überhaupt kannte. Meine Mutter nutzt für das Viermännige Schaumkraut – so heißt es richtig – bis heute lieber ihren Phantasienamen, würde es aber immer erkennen und nie verwechseln.

Also:

Nutzen Sie solche Kenntnisse und Erfahrungen für erste Erkundungen in der Welt der Wildkräuter, sie sind ein guter Ausgangspunkt.

Ab in die Küche!

Eigentlich wissen meine Kochkursteilnehmer auf dem Kräuterhof, welche Blätter ihnen zart, welche dunkelgrün und zäh vorkommen und wie grob sie sie schneiden würden. Dann denken sie genauer darüber nach und werden unsicher.

Dabei war die erste Eingebung, die Intuition richtig. Wenn es Ihnen genauso geht beim Ausprobieren der Rezepte: Bitte Kopf ausschalten und der Intuition nachgehen. Ich verstehe Kochrezepte ohnehin mehr als Anregung – machen Sie Ihr eigenes Rezept daraus!

Dabei ist es gut, einfach das bereits Bekannte anzuwenden. Wenn wilde Ernte als Gemüse zubereitet werden soll, wird sie auch wie Gemüse verarbeitet, d. h. genauso gewaschen, geschnitten usw. Man braucht allerdings ein bisschen Übung, die Garzeiten richtig einzuschätzen, die sind oft kürzer als bei gezüchtetem Gemüse.

Auch wichtig: Da Wildgemüse und auch Blüten im Allgemeinen deutlich weniger Wasser enthalten, bleiben sie nach der Ernte weniger lange knackig. Sie sollten also immer sorgsam und nicht allzu lange gelagert werden – besser in feuchten Tüchern an einem kühlen Platz als in der Blumenvase. Weniger Wasser bedeutet aber auch, dass sie ergiebiger und sättigender sind, sich also auch kleine Erntemengen zur Verarbeitung lohnen. Sie sind zudem deutlich reicher an wertvollen Inhaltsstoffen, schmecken dadurch gegebenenfalls auch eher mal bitter oder leicht pelzig. Entscheiden Sie aber bitte erst *nach* der Zubereitung endgültig über den Geschmack: Fett und Feuchtigkeit lösen die Inhaltsstoffe, machen sie »gefälliger« und »runder«.

Gar zu bittere oder gerbstoffreiche Pflanzenteile können vor der Verarbeitung ohne Weiteres einige Zeit gewässert werden, um einen Teil der Inhaltsstoffe auszuspülen und sie schmackhafter zu machen. Das bedeutet natürlich auch, auf diesen Teil des wertvollen Inhaltes zu verzichten – aber ich finde es besser, auf diese Weise immer noch etwas sehr Gesundes auf den Tisch zu zaubern, das dann aber auch gut schmeckt und das man gern und oft isst!

Tipp:
Zum Probieren bzw. zum Testen eignet sich am besten sahniger Frischkäse. Schneiden Sie das neue, geschmacklich unbekannte Kräutlein ganz fein, rühren Sie es in den Frischkäse hinein und kosten Sie dann – das schmeckt völlig anders als im rohen Zustand!

Lebens-Mittel

Nach meinem Empfinden werde ich viel zu oft gefragt: »Wofür oder wogegen ist das denn gut?« Gegenfrage: Wofür genau ist der Apfel gut oder der Brotaufstrich, den Sie heute gegessen haben?

Wofür? Für ein angeregtes, ausgewogenes Funktionieren des Körpers. Wogegen? Gegen die Gefahr, auf die eine oder andere Art aus dem Gleichgewicht zu geraten.

Von (natürlichen) Nahrungsmitteln kann jeder Gesunde unbedenklich essen, und zwar genau in den Mengen, die der eigene Appetit und Geschmack ihm anzeigen. Dagegen ist alles, was heilen soll, Medizin, das heißt, es ist speziell zubereitet, gezielt eingenommen, hochwirksam und für Gesunde in dieser wirksamen Dosierung meist völlig ungeeignet.

Hippokrates sagte: »Eure Nahrungsmittel sollen eure Heilmittel sein.« Ich würde es ein bisschen anders formulieren: Nahrungsmittel sind Mittel zur **Gesunderhaltung**. Wer oft genug Gänseblümchen isst, braucht den Kamillentee vielleicht erst gar nicht. Damit das funktioniert, müssen Nahrungsmittel in der Tat »Lebens«-Mittel sein: natürlich, lebendig und mit wertvollen Stoffen, die den Körper oder einzelne Körperteile anregen, in einer Mischung, die das Zusammenspiel des Ganzen fördert. Ein (vielleicht medizinisch wirksames) Zuviel an einzelnen Inhaltsstoffen regt den

gesunden Körper nicht an, sondern auf! Auch Pfarrer Kneipp stellte fest: »Im Maß liegt die Ordnung, jedes Zuviel oder Zuwenig setzt anstelle von Gesundheit Krankheit.«

Was gibt es also Besseres als frische wilde Pflanzen voller Kraft und mit einer Mischung an Inhaltsstoffen, wie sie Mutter Natur für uns gemacht hat? Was gibt mehr **Lebensfreude** oder **Lebenskraft** als ein Reigen bunter Blütenfarben? Wissenschaftlich betrachtet sorgen Pflanzenfarbstoffe – egal ob aus Aronia, Roter Beete oder Dahlie – dafür, dass im Stoffwechsel freie Radikale gebunden werden und die Zellerneuerung fehlerfrei läuft. Sie sind also krebsvorbeugend und damit ein Jungbrunnen. Aber in wessen Alltag – beim Essen – hat denn die *wissenschaftliche Betrachtung* der Wirkung einzelner Inhaltsstoffe wirklich Platz?

Wir sollten wieder lernen, auf uns selbst zu hören, auf die Reaktion unseres Körpers auf Nahrung, auf unseren guten Geschmack. Unser Körper kennt die beste Dosierung, jedenfalls

bei natürlicher Nahrung. Mit künstlich Erzeugtem bzw. industriell gefertigter Nahrung klappt das leider nicht, hier ist – auch des Umsatzes wegen – nur das »Gaspedal«, nicht aber die »Bremse« eingebaut. In der Natur gibt es das Eine ohne das Andere nicht – und das immer im richtigen Verhältnis.

Ernten statt jäten

Unkraut als Delikatesse

Ich werde oft korrigiert, wenn ich von »Unkraut« spreche: »Unkraut gibt es doch gar nicht, das sind alles Wildkräuter, Beikräuter ...« Aber mal ehrlich, spätestens wenn dieser Aufwuchs die Gemüsebeete besiedelt und sich zwischen den Blumen breit macht, ist doch wieder von »Unkraut« die Rede.

Und zumindest diejenigen unter uns, die von allzu viel Giersch geplagt werden, sind sicher: **Un**kraut gibt es doch!

Manchmal scheint es mir auch psychologisch wichtig, die Dinge beim Namen zu nennen. Stellen Sie sich vor, ich würde mit einer Schulklasse **Wild**kräuterpizza backen. Der Nachwuchs kommt heim und ist stolz: »Wir haben Wildkräuterpizza gegessen.« »Was war da drauf?« »Brennnessel, Löwenzahn, Melde ...« Dann heißt es heftig: »Das ist doch Unkraut«,

und der Nachwuchs zieht den Kopf ein. Hätte er aber **Un**krautpizza gegessen, ließe sich ja eigentlich nichts mehr dagegen sagen, oder?

Eine meiner liebsten Bauernweisheiten in diesem Zusammenhang lautet: »Misstraue jedem Platz, an dem kein Unkraut wächst!« Das geht nur mit Chemie oder mit Manie (oder beidem). Um Frieden mit der Spontanvegetation auf unseren Beeten zu schließen, hilft es, sich der Meinung von Ralph Waldo Emerson anzuschließen: »Unkraut nennt man die Pflanzen, deren Vorzüge man noch nicht erkannt hat.«

Meine Devise lautet: »Ernten statt jäten.« Stehen lassen geht ja nicht. Wenn wir nun aber schon die wilden Beetbewohner ausreißen, können wir sie doch auch aufessen. Man geht wirklich entspannter in den Garten, wenn Franzosenkraut und Vogelmiere plötzlich Ernte-Größe bekommen dürfen und uns nicht mehr schon der erste Halm stört.

»Das kostet nichts« ist auch ein prima Argument, das unseren Gästen immer wieder in den Sinn kommt. Ich weiß nicht, ob es wirklich sparen hilft, wenn man nicht neben der

Vogelmiere auch noch Möhren oder anderes Gemüse anbaut. Nur von Wiese allein will man ja auch nicht leben. Für die Bauersfrau in alter Zeit, die selbst für die Versorgung sorgen musste und nicht einkaufen konnte, war es aber wichtig, die wilden Alternativen im Beet zu kennen und zu verwerten, wenn mal wieder Unwetter oder Ungeziefer nicht viel von der eigentlichen Ernte übrig gelassen haben.

»... und außerdem ist es gesund.« Stimmt auch, aber so komisch das klingt: Für mich ist das im Alltag zweitrangig. Die Hauptsache ist doch: Es schmeckt! Das ist wichtig, damit es gern und häufig gegessen wird. Käme es dagegen nur aus dem Grund auf den Tisch, weil es so gesund ist (oder würde es gar »gesund schmecken«), stünde es nicht oft und bald gar nicht mehr auf dem Speiseplan!

Klar ist es gesund, wilde Pflanzen zu essen. Das fängt schon vor dem Essen an: Gänseblümchen z. B. können Sie nicht kaufen. Die müssen Sie selbst pflücken – und schon das ist gesund!

Aber Scherz beiseite. Ich sagte es ja schon: Tatsächlich sind die Wildpflanzen deutlich reicher an wertvollen Inhaltsstoffen als unsere gezüchteten Gemüse. Sie müssen und können sich allein behaupten, und ohne unsere Hilfe – oft sogar gegen unseren Willen – gedeihen sie, trotz Trockenheit oder Nässe, trotz Konkurrenz und Ungeziefer.

Es war für mich eine Offenbarung, als ich vor einiger Zeit las, warum die Spanische Wegschnecke (eine wirkliche Geißel unseres Gartens) am Gemüse so viel Schaden anrichtet und das Unkraut nicht anrührt: Alle Schnecken fressen lieber absterbende, nicht mehr vitale Pflanzenteile. Die heimischen Schnecken kennen sich damit hier auch recht gut aus. Für die Spanierinnen geben offenbar die noch frischen Kulturgemüse kein Bild von Vitalität und Lebendigkeit ab. Das ist doch vielsagend, oder?

Beim Ernten und Essen der »Wilden« geht es aber nicht um die Jagd nach Heilmitteln aus der Naturapotheke oder ums Geldsparen, sondern eben einfach um die Lust am Ausprobieren und am Geschmack – darum, Ihrer Küche einen »Kick« zu geben.

Breitwegerich

[Plantago major]

Kennen Sie die Frage noch, die gestellt wurde, wenn wir als Kinder ein Breitwegerichblatt pflückten und die herausschauenden Rippen zählten? Ja, es gab Auskunft, wie viele Kinder wir bekommen werden.

Als einmal während einer meiner Führungen eine junge Frau vorsichtig ein Blatt pflückte – so vorsichtig, dass alle fünf Rippen herausschauten –, konnte ich nur mutmaßen, das sei nicht die Zahl der zu erwartenden Kinder, sondern die der Liebhaber. Breitwegerich ist eben eine richtige Orakelpflanze, mindestens genauso gut wie Kaffeesatz, je nachdem, wonach wir fragen.

Er liebt verdichteten Boden – schon der Name Wegerich sagt uns ja, er sei der Clanchef auf dem Weg. Und sogar der lateinische Name kann sich nicht recht entscheiden: *Plantago* leitet sich ab vom lateinischen *Planta*, das wir mit *Pflanze* oder auch mit *Fußsohle* übersetzen können. Und die Indianer haben – vielleicht deshalb? – die durch die europäischen Siedler eingeschleppte Pflanze *Fußstapfen des weißen Mannes* getauft.

Für unsere Ernte ist es schade, dass er eigentlich immer »betreten« ist. Wer will schon mitten auf dem Weg oder direkt auf dem Fußballplatz ernten? Da heißt es, genau hinzuschauen, schöne Waldwege voller Wegerich zu finden – oder ihn im eigenen Garten anzusiedeln. Er ist übrigens deutlich weniger reich an Inhaltsstoffen und deshalb viel schmackhafter und küchentauglicher als der ihm verwandte Spitzwegerich. Dieser ist dafür eine ganze Hausapotheke auf einmal.

Garten. Streuen Sie einfach ein paar von unterwegs mitgebrachte Breitwegerichsamen auf den Gartenweg Richtung Kompost oder in die Nähe der Geräteschuppentür. Oder gestatten Sie dem Wegerich, einige Pflasterritzen am Rande zu besiedeln. Damit werden Wege zu Anbauflächen.

Küchentipps. Wegen der sehr stabilen Blattrippen ist es besser, beim Kleinschneiden darauf zu achten, dass quer zu den Rippen geschnitten wird, damit diese nicht während des Essens zu Zahnseide werden. Wenn die Blätter im Ganzen verwendet werden, sollte man so pflücken, dass die Rippen möglichst an der Pflanze bleiben oder sich abziehen lassen, das gelingt mit ein wenig Übung. Bei der Ernte der Breitwegerichkölbchen und Samen ist der Zeitpunkt ganz entscheidend. Die Kölbchen sind zart genug, solange sich der Stiel unterhalb des Fruchtansatzes noch per Hand abpflücken lässt. Die Samen sind perfekt für den Verzehr, wenn sie sich ohne Weiteres vom Stiel abstreifen lassen, aber noch grün sind.

VERWECHSLUNGSGEFAHR

Breitwegerich lässt sich an seinen meist fünf parallelen Blattrippen auf der Blattunterseite sicher identifizieren und ist höchstens mit dem mittleren Wegerich zu verwechseln, der behaarte Blätter und keine so ausgeprägten Nüsschenkolben hat (aber genauso verwendet werden kann).

Mein persönlicher Tipp. Der Spitzwegerich liegt mir am Herzen und muss daher hier unbedingt noch einmal erwähnt werden. Wohl jede Kräuterfrau hat ihr »Allheilmittel« – der Spitzwegerich ist meins! Eine einfach nur gekaute Blattmasse hat bei mir eine fiebrig entzündete, offene Brandblase in nur drei Tagen vollständig abheilen lassen, hat erfolgreich Fußpilz und immer wieder Lippenherpes bekämpft, wird bei Mückenstichen, Schnittverletzungen und Zeckenbissen eingesetzt. Die Blätter sind aber auch prima Blasenpflaster, hilfreich bei Magenverstimmung und Halsentzündung, und und und … Kurz: Spitzwegerich (am besten immer frisch) muss einfach jederzeit zur Hand sein!

Kohlrabi in nussiger Panade gebraten

↗ siehe Abb.

2 zarte Kohlrabi, 1 kleine Tasse voll Breitwegerichsamen, 1 kleine Tasse voll Semmelbrösel, 2 EL Mehl, 2 Eier, Pfeffer, Salz, Rapsöl und Butter zum Braten

Natürlich lässt sich alles von Tofu bis Kalbsschnitzel ebenso mit Breitwegerichsamen oder aber mit Meldesamen panieren.

Kohlrabi schälen und in 2 cm dicke Scheiben schneiden, in kochendem Salzwasser für 5–7 Minuten vorgaren. Samen und Semmelbrösel mischen, Ei verquirlen und eine Panierstraße mit einzelnen Tellern für Mehl, Eier und Samen-Brösel aufbauen. Kohlrabischeiben gut trocken tupfen, pfeffern und salzen. In einer Pfanne Öl erhitzen, eine Butterflocke darin schmelzen. Inzwischen die Kohlrabischeiben nacheinander in Mehl, Ei und Samen-Böseln wenden und im heißen Fett goldgelb backen.

Kölbchengemüse

1 Zwiebel, 1 EL Öl, 1 Tasse zarte Breitwegerichkölbchen (per Hand und ohne Schere gepflückt, damit die Stiele noch zart sind), 50 ml Gemüsebrühe, Butter, Pfeffer, Salz

Nur, wer einen wirklich guten Platz zum Ernten weiß, wird sich die Arbeit machen, genügend Wegerichkölbchen für eine komplette Gemüsebeilage zu ernten. Aber auch schon einzelne Kölbchen sind eine Bereicherung für Ihr Möhrengemüse oder den Mischgemüseeintopf.

Zwiebel würfeln und in etwas Öl goldgelb schmoren. Die Wegerichkölbchen zugeben, einige Minuten weiterschmoren, mit etwas Gemüsebrühe ablöschen, eine Butterflocke hinzufügen, mit Pfeffer und Salz abschmecken.

Käse-Nüsschen-Kräcker

↗ siehe Abb.

120 g Butter, 40 g Zucker, 1 TL Salz, 1 Ei, 90 g Haferflocken, 80 g gemahlene Haselnüsse, 80 g Mehl, 1 TL Backpulver, ½ Tasse abgestreifte grüne Breitwegerichsamen, 250 g geriebener Käse

Plätzchen backen im Sommer … – versuchen Sie es mal herzhaft! Das ist die perfekte Ergänzung zu einer kühlen Weinschorle.

Butter, Zucker und Salz schaumig schlagen, Ei zufügen und unterrühren. Alle trockenen Zutaten mischen, zufügen und mit dem geriebenen Käse verkneten. Mit zwei Teelöffeln Kleckse auf ein mit Backpapier belegtes Blech setzen, flach drücken und bei 180 °C 10–12 Minuten goldgelb backen.

Brennnessel

[Urtica dioica]

Wer möchte mal Brennnessel kosten – direkt vom Stängel? Bei dieser Frage sehe ich immer in entsetzte Gesichter, dabei ist das viel ungefährlicher, als man glaubt!

Die Große Brennnessel hat auf ihrer Blattoberseite gar keine Brennhaare, die uns gefährlich werden können. Also wird mutig ein Blatt gepflückt und dabei fest zugefasst – zwischen Daumen und Zeigefinger habe ich mich noch nie »verbrannt«. Das passiert immer nur an den Stellen, auf die man nicht achtgibt und mit denen man ganz zart aneckt. Das Blatt wird nun so lange zusammengefaltet, bis nur noch die ungefährliche Blattoberseite herausschaut, so sind die brennenden Nadeln nicht nur verpackt, sondern auch längst zerquetscht. Und nun in dieses kleine Päckchen mutig hineinbeißen und Sie werden einem ganz eigenen nussig-grünen Geschmack begegnen, den man gerne mal im Essen wieder trifft. In einem Schulhort zeigte ich einmal den Kindern auch

die Alternative: Das Blatt mit der Blattoberseite nach unten auf die flache Hand legen und einmal fest in die Hände klatschen, damit werden die Brennhaare ebenso sicher unschädlich gemacht. (Ein kleines Mädchen nahm diese Anleitung so ernst, dass ihre Handflächen trotzdem gehörig brannten – vom Klatschen.)

Außerdem wissen wir alle seit Kindertagen: Brennnessel hilft gegen Rheuma. Stimmt – im akuten Fall. Dann legt die äußerliche Anwendung ein Gegenfeuer zur innerlichen Entzündung und der Körper bekämpft beides. Nur ob die Brennnessel auch vorbeugend hilft, wie wir Kindern noch heute suggerieren, damit das Brennen erträglicher wird, ist bisher nicht erwiesen. Stattdessen gibt es ja ein wunderbares Gegenmittel: Reiben Sie einfach den Saft eines zerdrückten Spitzwegerichblattes auf die brennende Stelle und Quaddeln und Juckreiz verschwinden ganz schnell.

Und wussten Sie, dass es männliche und weibliche Brennnesseln gibt? Schauen Sie sich doch die Blüten mal genau an, ein Teil hat gelbliche Punkte – das sind die »Männer«, die den Blütenstaub dem Wind preisgeben. Der andere Teil hat dunkelgrüne Blüten – »Frauen«, die daraus die Nüsschen wachsen lassen und geschmacklich auch die interessanteren Pflanzen sind!

Garten. Im Garten werden Brennnesseln normalerweise nur in der Jauche geduldet, die unsere Kulturen düngen soll. Das funktioniert, denn Brennnesseln sind Stickstoffsammler. Nicht umsonst sind sie die letzten, die es auf einem Hühnerhof noch aushalten, während sich alle anderen Pflanzen schon davongemacht haben. Nicht, weil Brennnesseln nicht gefressen werden, sondern weil sie die einzigen sind, die den scharfen Dung der Hühner aushalten. Sie sind dann selbst bestens »gedüngt« und geben das auch weiter. Darum muss man bei der Ernte von Brennnesselgemüse unbedingt auf einen gesunden Standort achten.

Für die Jauche sind sie dagegen bestens geeignet. Das Fass, in dem sie gären, sollte man jedenfalls zuverlässig abdecken. Nicht nur, um keinen Ärger mit den Nachbarn zu bekommen, sondern auch, damit nicht allzu viele Insekten eine »Fleischbrühe« aus unserem Dünger machen. Wir erhalten einen konzentrierten Stickstoffdünger, der das Pflanzenwachstum, die Blatt- und Chlorophyllbildung anregt, also für junge Pflänzchen und Salate bestens geeignet ist. Für Blüten und Früchte braucht man dagegen andere Mineralien, ich bevorzuge Beinwellbrühe.

Und noch ein Gärtnerlatein: Es heißt, Brennnesseljauche helfe gegen Blattläuse an den Rosen. Das ist so nicht richtig. Was hilft, ist das Nesselgift aus ganz frischem Brennnesselextrakt, der nur wenige Stunden gezogen hat. Aber: Die Brennnesselextrakte in beiden Fällen regen zu üppigerem, zarterem (für Blattläuse schmackhafterem) Wachstum an – so erreichen Sie spätestens im nächsten Jahr das Gegenteil.

Mein Tipp: Bekämpfen Sie die Ameisen, dann bleiben nicht viele Blattläuse! Das wiederum geht natürlich auch vollbiologisch. Ich stelle einen Übertopf ohne Löcher falsch herum über das Nest. Zwei bis drei Tage später enthält der Topf das Nest samt Eiern, Königin und Hofstaat, also wird – ohne nachzusehen – eine Kehrschaufel drunter geschoben und alles umgesiedelt oder den Hühnern angeboten ...

Zu einem Naturgarten gehört aber auch immer ein Eckchen, in dem Brennnesseln stehen bleiben dürfen, schließlich ernähren sie zahlreiche Schmetterlingsraupen, z. B. von Kleinem Fuchs und Tagpfauenauge.

Sammel- und Küchentipps.

Da Brennnesseln Stickstoffsammler sind, sollte man zum Sammeln überdüngte Plätze wie manche Feldränder, die Nähe zu Mist- und auch Komposthaufen u. Ä. unbedingt meiden, auch wenn oder gerade weil die Nesseln dort besonders prächtig stehen.

Geerntet werden von der Brennnessel die oberen vier Blätter. So hat man den faserig-zähen Stängel nicht mit im Erntegut und muss später nicht abzupfen. Außerdem lässt sich daran die beste Erntezeit erkennen: Wenn an der Spitze keine Ernte mehr zu machen ist, weil die oberen Blättchen viel zu winzig sind, dann ist die Blättererntezeit für diese Pflanze um. Jetzt hält sie ihre – voll entwickelten, aber noch grünen – Blüten und Samen für uns bereit. Wird aber regelmäßig geerntet oder gemäht, muss es gar nicht soweit kommen, dann sind noch im September erntefrische Spitzen zu finden.

Leider halten Brennnesselblätter Hitze gar nicht gut aus und werden beim Kochen schnell zu grau-braunem Matsch! Wichtigste Regel für Brennnesselzubereitungen ist also: Sehr kurze Garzeit und sofort servieren, nicht warm halten oder aufwärmen! Gut ist es auch, die Blätter nach dem Blanchieren mit Eiswasser abzuschrecken oder beim Pürieren einige Spritzer Zitronensaft als »Antioxidationsmittel« zuzufügen.

Dafür gibt es Entwarnung, was das Brennen betrifft. Man muss nicht jedes Blatt falten, wie oben beschrieben, Hitze zerstört die Brennhaare zuverlässig.

Tipp. Brennnesselhaarwasser gegen Haarausfall setzt man aus Brennnesselwurzeln und Doppelkorn an. Das Ganze sollte 4 Wochen bei mäßiger Wärme durchziehen, dann wird es abgeseiht und kühl und dunkel aufbewahrt. Nehmen Sie nach jeder Haarwäsche eine hohle Hand voll und massieren Sie das Haarwasser ausgiebig in die Kopfhaut ein.

Verwechslungsgefahr

Jedes Kind erkennt Brennnesseln am Brennen auf der Haut, wobei die Kleine Brennnessel (Urtica urens) deutlich heftiger brennt als die Große, aber genauso verwertet werden kann. Taubnesseln brennen nicht, sind aber ebenso zu verwenden.

Wilde Frühlingsrolle

500 g Blätterteig, 1 große Zwiebel, Öl, 400 g Schafskäse, 500 g Brennnessel (Blätter; alternativ Giersch oder Blattspinat), einige Bärlauchblätter, Salz, Pfeffer

Beliebt sind bei uns Rezepte, die abgewandelt werden können, je nachdem, was der Garten so hergibt, und trotzdem immer lecker schmecken. Blätterteigrollen gehören auf jeden Fall dazu. Hier die Frühlingsvariante, experimentieren Sie anschließend mutig weiter!

Den Backofen auf 220 °C vorheizen. Blätterteig ausrollen bzw. Platten leicht überlappend auslegen und die Nähte platt rollen. Die Zwiebel würfeln und im Öl leicht bräunen, den Schafskäse würfeln oder zerkrümeln. Die Bärlauch- und Brennnesselblätter möglichst ungewaschen, aber handverlesen (notfalls gut trocknen) grob schneiden, gleichmäßig auf dem Teig verteilen, dabei einen Rand freilassen. Die Zwiebeln und den Schafskäse dazugeben, salzen und pfeffern. Den belegten Teig locker zum freien Rand hin aufrollen, diesen Rand mit etwas Wasser bestreichen und ankleben. Das Backblech mit Backpapier auslegen, 1 Schnapsglas voll kaltes Wasser unter das Papier gießen (dann wird die Teigunterseite luftiger), die Teigrolle mit der Naht nach unten auflegen, Backofentemperatur auf 200 °C zurückdrehen, Blech in den Ofen schieben und etwa 25 Minuten goldgelb backen.

Würzbrot

20 g Hefe, 1 TL Honig, ca. 350 ml lauwarmes Wasser, 600 g Vollkornmehl, 1 TL Salz, 1 Tasse Brennnessel-Früchte, Breitwegerich und/oder Melde, wenige Knospen vom Beifuß oder Blüten vom Majoran

Die verwendeten Früchte werden zwar voll entwickelt, aber noch grün geerntet und entweder frisch oder getrocknet verwendet. Sind sie doch einmal schon zu reif und verholzt, werden sie vor der Verwendung einfach gemörsert.

Hefe, Honig und Wasser verrühren, dann mit den restlichen Zutaten gut vermischen, alles miteinander verkneten und abgedeckt ca. 15 Minuten an einem warmen Ort gehen lassen. Dann nochmals kneten und ein Brot formen. Wieder gehen lassen (ca. 30 Minuten), bis es sichtbar aufgegangen ist. Im vorgeheizten Backofen bei 200 °C ca. 45 Minuten ausbacken.

Brennnesselchips

50 g Mehl (Type 405), 1 Pr. Salz, 80 ml eiskaltes kohlensäurereiches Mineralwasser, 30 Brennnesselblätter, Öl zum Ausbacken

»Knabberzeug« hat man gar nicht mehr zu Hause, um nicht auf den Gedanken zu kommen, es zu essen, stimmt's? Aber manchmal braucht man es trotzdem ... Probieren Sie es einfach mit dieser leckeren und gesunden Variante!

Mehl und Salz mischen, mit dem Mineralwasser zu einem glatten Teig rühren. Brennnesselblätter am Stiel fassen, in den Teig tauchen und im heißen Frittieröl (Stäbchenprobe) von beiden Seiten goldgelb ausbacken, auf Küchenpapier abtropfen lassen.

Buchweizenpfannkuchen

↗ siehe Abb.

2 Handvoll gewaschene Brennnesseltriebspitzen,
100 ml Milch,
50 g Buchweizenmehl,
50 g Weizenmehl,
2 Eier, Salz und Pfeffer,
Öl zum Ausbacken

Isst Ihr Mann Eierkuchen? Meiner würde auch artig mit »Ja« antworten und nach dem Essen fragen: »Das war das Kompott, und was gibt es Richtiges?« Versuchen Sie es doch mal mit der grünen, herzhaften Variante – die kommt auch als sättigendes Hauptgericht gut an! Grün werden sie je nach Saison wahlweise (oder miteinander gemischt) durch Bärlauch, Brennnesseln, Giersch oder auch Radieschenblätter.

Brennnesselspitzen in ein Litermaß geben, mit der Milch bedecken und pürieren. Restliche Zutaten zugeben, alles klumpenfrei glatt rühren und 10 Minuten quellen lassen. Besonders luftig werden die Eierkuchen, wenn man die Eier trennt, das Eiweiß separat steif schlägt und dann vorsichtig unter die restliche Masse hebt.
In einer beschichteten Pfanne mit wenig Öl dünne Pfannkuchen backen. Sie können diese mit einer Joghurtcreme und Wildkräutersalat füllen oder fürs Buffet mit gewürztem Frischkäse bestreichen, gekochten Schinken auflegen, aufrollen und in Röllchen schneiden.

FRANZOSENKRAUT, BEHAARTES KNOPFKRAUT

[Galinsoga ciliata]

Ein vielsagender Name für diesen längst heimisch gewordenen ehemaligen Einwanderer, der gerade zu Zeiten Napoleons über die Felder und Fluren ganz Europas herfiel, genau wie dessen Armeen.

In Preußen war der Neuzugang so verhasst – auf den dortigen Sandböden gedeiht das sog. Behaarte Knopfkraut ja auch perfekt ... –, dass es von Amts wegen und bei Strafe verboten wurde, dieses Kräutlein auf den eigenen Fluren zu dulden. Jäten auf Befehl!

Inzwischen haben wir mit Springkraut, Ambrosia u. a. Pflanzen neue Feindbilder, gehen damit ganz ähnlich um und konnten zum Franzosenkraut ein entspannteres Verhältnis entwickeln. Schließlich schmeckt es wirklich gut und lässt, wenn man will, sogar einiges mit sich machen. Das stattlichste Franzosenkraut, das ich je gesehen habe, stand im Garten eines Berufskollegen und Kochs, war im Laufe des Sommers offensichtlich schon mehrfach zurückgeschnitten worden, hatte ein beachtliches Stämmchen von mehr als einer Bleistiftstärke und einen riesigen »Kopf« entwickelt, denn jede Blattachse reagierte mit zwei neuen Austrieben. Das war wirklich kultivierte Wildnis!

Garten. Auch Behaartes Knopfkraut ist einjährig, lässt sich also durch fleißiges Jäten vertreiben oder durch Mulch im Zaum halten, falls man es nicht ernten möchte.

Küchentipps. Behaartes Knopfkraut hat, wie der Name schon sagt, leicht behaarte Blätter, sodass nur die ganz, ganz jungen von ihnen taugen, roh gegessen zu werden. Normalerweise verwende ich, was in unseren Beeten so aufgeht (genau wie Giersch und Meldeblätter), zu allen erdenklichen Spinatzubereitungen. Aber Vorsicht, die Blätter vertragen nicht genau so viel Hitze, werden also gern in Teig oder Auflauf gebacken, aber nicht in der Pfanne angeschwitzt, sonst werden sie braun.

Gefüllte Zucchini ↗ siehe Abb.

1 große Zucchini, ca. 1 Liter-Messbecher voll mit gemischten Blüten und Wildgemüse (Franzosenkraut, Dahlienblütenblätter, Nachtkerzenknospen, Melde, Neuseeländer Spinat, zarter Giersch, Mangold usw.), 3–4 EL Sonnenblumenkerne, 1 Tasse gegarter Reis, 1 Ei, 200 g Frischkäse, wahlweise konzentriertes Tomatenmark, 1 Zwiebel oder 1 Knoblauchzehe, Pfeffer und Salz, Würzkräuter nach Geschmack (Oregano, Knoblauch, Thymian ...), 100 g geriebener Käse

Bei mir heißen sie »Rum-Fort-Rezepte«, weil die Zutaten beliebig mit allem abgewandelt werden können, das »rumsteht« und »fort muss«. Zucchini sind wunderbar dafür geeignet, da alles Mögliche hineingefüllt werden kann, was noch im Kühlschrank steht und aufgebraucht werden muss. So ist es auch im folgenden Rezept völlig egal, ob die Füllung zwei Salz- oder Pellkartoffeln, einige Löffel übrig gebliebenen Reis oder Spätzle enthält. Oder noch 3 Scheiben Aufschnitt ... Oder den restlichen Käse ... Oder ...

Zucchini halbieren, aushöhlen. Wildgemüse und Blüten waschen, auszupfen bzw. klein schneiden. Sonnenblumenkerne ohne Fett anrösten und untermischen. Gegarten Reis dazugeben. Ei und Frischkäse mischen, klein gehackte Zwiebel oder Knoblauchzehe dazugeben, mit Pfeffer, Salz und Würzkräutern abschmecken. Alles zur Füllung geben, unterheben und in die Zucchini füllen. Zum Bedecken geriebenen Käse oder eine Kruste verwenden (siehe Hirtentäschel, S. 48).
Im Backofen bei 180 °C ca. 20 Minuten garen.

Grüne Waffeln ↗ siehe Abb.

mind. 1 große Handvoll Franzosenkrautspitzen, Gierschblätter oder anderer Wildspinat, ½ l Milch, 250 g zimmerwarme Butter, 2 TL Salz, 5 Eier, 500 g Mehl, 1 Pck. Backpulver, etwas Öl zum Einfetten des Waffeleisens

Haben Sie ein Waffeleisen? Wann hatten Sie das zum letzten Mal in der Hand? Darauf antwortete einer der Kräuterhofbesucher: »Beim Umräumen.« Ja, die letzte Nutzung liegt bei den meisten zwischen 2 und 20 Jahre zurück, denn am Sonntagnachmittag will in der Regel niemand in der Küche stehen, wenn der Besuch schon da ist – aber Waffeln müssen frisch sein! Mein Rat: Stellen Sie das Waffeleisen künftig auf den Tisch, wenn gegrillt wird. Herzhafte grüne Waffeln sind eine wunderbare Alternative zu Toast oder Baguette. Und das Beste: Sie müssen die Waffeln meist nicht einmal selbst backen. Es gibt immer jemanden am Tisch, der rechtzeitig feststellt: »Die ist fertig. Wer möchte? Ich mach gleich noch mal ...«

Blätter nach dem Waschen gut trocken tupfen, ganz fein schneiden oder in der Milch pürieren. Alle Zutaten gut vermengen und den Teig für 15 Minuten ruhen lassen. Das Waffeleisen vorheizen und sparsam einölen. Die Waffeln jeweils ca. 4 Minuten ausbacken. Dazu serviert man Kräuterfrischkäse, Kräuterbutter oder hausgemachtes Chutney.

Grüne Ravioli mit Feta-Meerrettich-Füllung

Nudelteig:
200 g Mehl,
200 g Hartweizengrieß,
4 Eier, Salz, 2 Tassen Franzosenkrautblätter (auch Giersch oder Melde)

Füllung:
200 g Feta,
1 Bund Schnittlauch,
2 EL Schmand, Salz,
1 frisches Stück Meerrettich

Ravioli selber machen scheint eine mühselige Arbeit, aber bei meinen Kochkursen stellt sich immer wieder heraus, dass beim gemeinsamen »Werkeln« schon vor dem Essen die besten Tischgespräche in geselliger Runde entstehen. Wie wäre es also mit besonderen Unkraut-Ravioli zur nächsten Küchenparty?

Trockene Zutaten und ganz fein gewiegte Kräuter gut vermengen, glatt kneten. Nur wenn nötig, tropfenweise Wasser zugeben. Den Teig sehr dünn ausrollen (wenn vorhanden, mit der Nudelmaschine auf Stufe 3).
Für die Füllung den Feta zerkrümeln, Lauch fein schneiden und zufügen, alles mit Schmand verkneten, mit etwas Salz und reichlich frisch geriebenem Meerrettich abschmecken.
Die Füllung als Häufchen auf den Teig setzen, mit einer weiteren Teiglage bedecken, gut andrücken und ausstechen.
Die Teigtaschen für 3–4 Minuten in kochendem Salzwasser garen, abschöpfen und mit brauner Butter oder Tomatensoße servieren.

Gänseblümchen

[Bellis perennis]

Was gibt es Friedvolleres als eine Wiese voller Gänseblümchen und ringsum nur ein bisschen Vogelgezwitscher ... Da hört mein Kopf augenblicklich auf zu rattern. Dann fällt mir beim Pflücken das Kinderspiel ein: »Er liebt mich, er liebt mich nicht, ...«

Übrigens, wussten Sie, dass etwa zwei Drittel der Gänseblümchen eine ungerade Zahl an weißen Blütenblättchen haben? Jedenfalls solange sie unversehrt sind. Das behauptet zumindest der italienische Mathematiker Fibonacci, der Naturgesetze mathematisch untersucht hat. Ich hab es nicht oft genug ausprobiert, um das zu bestätigen (ich habe ohnehin meinen Mann schon gefunden). Sie sollten trotzdem vorsichtshalber den Spruch immer mit dem am Schluss erwarteten »Er liebt mich« beginnen, dann stehen die Chancen gut! Haben Sie schon mal ein Gänseblümchen gegessen? Wenn nicht, sollten Sie das nachholen

und das erste am besten ganz lange kauen ... Wenn ich dabei meinen Besuchern zuschaue, ist es herrlich zu sehen, wie sich ihre Mimik langsam ändert. Zuerst: Hmm, schmeckt eben grün, salatig. Dann: Na ja, ein runder, fast nussiger Geschmack schleicht sich an – die Verwandtschaft zu Sonnenblumen. Und schließlich mit hochgezogenen Brauen: Doch! Eine leichte Säure bleibt vor dem Hinunterschlucken. »Salat«, »Öl« und »Essig« – und das alles in einem kleinen Gänseblümchen. Eine 80-jährige Pflegeheimbewohnerin saß in ihrem Rollstuhl auf unserer Wiese und stellte finster fest: »Ich hab noch nie Gänseblümchen gegessen ...«, und dann mit viel freundlicherem Gesicht: »Aber es schmeckt!«

Aber nicht nur die Blümchen sind essbar, sondern die ganze Blattrosette, die ich im Spätherbst gern aussteche und anstelle von Feldsalat serviere, so auch zur Weihnachtsfeier der Mitarbeiter einer Zahnarztpraxis. Die Damen hatten gebucht mit den Worten: »Uns interessiert das sehr, aber erzählen Sie bloß nicht unserem Chef so genau, was es gibt!« Auf meine Frage nach der grünen Beilage, die er gegessen hatte, wurden die Gänseblümchen prompt zu Feldsalat. Hauptsache, es hat geschmeckt!

Garten. Es gibt Leute, die mögen Gänseblümchen nicht im Rasen, aber Ausstechen hilft nicht! Das regt die im Boden verbleibenden Rhizomteile nur zu verzweigterem und damit kräftigerem Wachstum an. Was gegen Gänseblümchen helfen kann, ist eigentlich nur Dünger, die kleinen Maßliebchen sind Hungerkünstler und lieben mageren Boden. Das heißt für alle Sammler: Viele Gänseblümchen zeigen einen recht gesunden Standort (eine Hundewiese stünde voller Löwenzahn, nicht Gänseblümchen) – und beim Ernten mit Augenmaß vermehrt sich der Bestand sogar.

Küchentipps. Gepflückt werden Gänseblümchen immer gleich ohne Stiel, um sie nicht nachher noch abzupfen zu müssen und immer reichlich, damit nicht am Ende nur zwei oder drei als Dekoration auf dem Teller landen. Gänseblümchen sind mehr als nur Dekoration, sie sind eine wirklich leckere Zutat. Vor dem Zubereiten sollten sie auch nicht gewaschen werden, sonst verhalten sie sich wie an einem Regentag und »gehen schlafen«, schließen also die Köpfchen und sehen längst nicht mehr so hübsch aus.

VERWECHSLUNGSGEFAHR

Gänseblümchen sind wohl jedem Kind vertraut. Wenn es im Winter nicht blüht, ähnelt die Blattrosette dem Feldsalat und kann wie dieser verwendet werden.

Gänseblümchen-Erdbeer-Salat auf Mozzarella

↗ siehe Abb.

1 Tasse Gänseblümchenblattrosetten und Gänseblümchenblüten ohne Stiele, 1 Tasse Erdbeeren, 2 Kugeln Mozzarella, 50 g Sonnenblumenkerne, 3 EL Zucker, 4 EL Balsamico, ½ Blüte stark duftender Pfingstrosen, 1 EL rosa Pfefferbeeren (gemörsert), Brennnessel- oder Breitwegerichsamen (geröstet), ½ TL Meersalz

Viele scheuen sich, Erdbeeren anders als nur süß zu servieren, aber dieser Salat lohnt wirklich einen Versuch!

Gänseblümchensalat verlesen, waschen, trocknen. Erdbeeren waschen, putzen, schneiden. Mozzarella in Scheiben schneiden, alles auf einem Teller anrichten.
Kerne in einer trockenen Pfanne kurz anrösten und herausnehmen. Den Zucker in der Pfanne hellbraun karamellisieren, mit 100 ml Wasser und dem Balsamico ablöschen, Blütenblätter und den gemörserten Pfeffer einrühren und bei mittlerer Hitze einige Minuten zu einem sämigen Sirup einkochen. Etwas abgekühlt den Sirup durch ein Sieb streichen, mit dem Salz und den gerösteten Samen vermischen und löffelweise auf dem Salat verteilen.

Blüten-Käse-Salat

↗ siehe Abb.

½ Tasse Sonnenblumenkerne, 250 g mittelalter Gouda, 1 Bund Zwiebelgrün (Zwiebelschlotten), 6–10 Knoblauchraukeblätter, evtl. 2 Lupinenblüten, ½ Tasse Rotkleeblüten, ½ Tasse Gänseblümchen ohne Stiel, 200 g Sahnejoghurt (10%), 1 EL Weinessig, 2 EL Sonnenblumenöl, Pfeffer, Salz, etwas Würzkraut nach Geschmack (z.B. 1 TL gerebelter Steinquendel)

Ein Salat, der sich oft auf unseren Käseplatten findet, aber je nach Saison und Angebot immer andere Blüten enthält. Nur Gänseblümchen, die gibt es eigentlich immer!

Sonnenblumenkerne ohne Fett leicht rösten und wieder abkühlen lassen, Käse würfeln, Zwiebelgrün und Knoblauchrauke schneiden, Lupinen auszupfen, Rotkleeblüten grob schneiden. Alles mit den Gänseblümchen mischen. Joghurt, Öl und Essig verrühren, kräftig abschmecken (der Käse nimmt noch viel Geschmack auf) und den Salat damit marinieren. Vor dem Servieren am besten kühl stellen und noch 1 Stunde durchziehen lassen.

Salat mit Gänseblümchenrapunzeln, Orangenfilet und Fenchel

↗ siehe Abb.

2 EL grob zerkleinerte Walnusskerne,
4 unbehandelte Orangen,
½ TL Fenchelsaat,
1 EL heller Balsamico,
Salz, Pfeffer,
1 Tasse Gänseblümchenblattrosetten,
1 feste Fenchelknolle,
1 Schalotte, 3 EL Rapsöl,
1 EL Walnussöl

Auch Wintersalat kann leicht und elegant daherkommen.

Walnüsse ohne Fett anrösten. Abrieb von einer Orange herstellen. Orangen so schälen, dass die innere weiße Haut ebenfalls entfernt wird, Filets herausschneiden, restlichen Saft ausdrücken und auffangen. Fenchelsaat mörsern und mit Orangensaft, -abrieb, Balsamico, Salz und Pfeffer verrühren. Gänseblümchenrosetten putzen und gegebenenfalls einige Minuten wässern. Fenchel längs halbieren und in feine Streifen schneiden. Beides mit dem Orangensaftdressing für wenigstens 10 Minuten marinieren. Schalotte fein würfeln und noch untermischen. Orangenfilets auf den Salattellern auslegen. Den Salat darauf verteilen, mit der Mischung beider Öle beträufeln und die Nüsse darüberstreuen.

GIERSCH

[Aegopodium podagraria]

»Unkraut ist alles, was nach dem Jäten wieder wächst.« Wenn das stimmt, ist Giersch das Unkraut schlechthin. Ich behaupte ja, er hat seinen Namen daher, dass er so »gierisch« nach unserem Garten greift.

Giersch ist ein wunderbares Blattgemüse – ich sollte nicht immer Spinat dazu sagen, schließlich schmeckt er ein wenig nach Petersilie und Möhrenkraut. Aber man braucht ähnliche Mengen und dank seiner Kocheigenschaften lässt er sich prima als Sommerspinat nutzen – und zwar in allen verfügbaren Spinatrezepten. Jung und zart sollte er natürlich sein, das ist bei den uns vertrauten Gemüsesorten aber auch so und beim Giersch gar kein Problem: Man muss nur regelmäßig ernten, dann

wächst er immer jung und zart wieder nach – und das noch bis September!

Immer wieder werde ich von Nichtgärtnern gefragt: »Woher nehmen?« Im Falle von Giersch ist es wohl am besten, Sie gehen durch die nächstgelegene Gartenanlage und schauen über die Zäune. Der Gärtner, der Giersch hat, nutzt wahrscheinlich keine Chemie. Fragen Sie einfach, ob Sie ernten dürfen! Sie werden vielleicht mitleidig belächelt oder argwöhnisch bestaunt oder mit Fragen gelöchert – aber ich kenne keinen einzigen Gärtner, der Ihnen diese Ernte verwehrt, wenn er erstmal überzeugt ist, dass Sie Tulpen und Salat nicht anrühren. Im Gegenteil, Sie werden gefragt, wann Sie wieder ernten kommen! So sage ich es immer – und dann erzählte mir eine Leipziger Studentin, dass sie meinem Rat gefolgt war und wirklich gefragt hat. Der inzwischen alt gewordenen Gärtnerin war ihr Garten ans Herz, aber auch über den Kopf gewachsen, sie hätte ihn über kurz oder lang abgeben müssen. Die Frage kam also sehr willkommen und noch rechtzeitig – heute teilen sich beide den Garten!

Garten. Gelegentlich wird in Gärtnereien auch eine weißbunt-panaschierte Gierschzüchtung angeboten, die als weit weniger wüchsig gilt und dekorativ aussieht. Wir haben uns gesagt, dass wir mit der wilden Version in unserem Garten schon genug zu tun haben. Aber vielleicht ist es für alle Balkon- und Terrassengärtner, die ohnehin nur Kübelpflanzen haben, einen Versuch wert, dieses wilde Gemüse anzubauen, ohne dass Besucher sofort von Unkraut reden.

Der grüne wilde Gartenbewohner aber ist so expansiv, dass eine deutsche Firma ein chemisches Unkrautvernichtungsmittel eigens für diese Pflanze auf den Markt gebracht hat. Als Kräuterfrau lehne ich so etwas strikt ab! Was aber helfen kann, ist Hartnäckigkeit – regelmäßiges Mähen oder Rupfen mag Giersch gar nicht – oder dicker Mulch. Auch Pappmanschetten um gefährdete Stauden oder sogenanntes Bändchengewebe, wie es Gärtnereien benutzen, kann hilfreich beim Eindämmen sein – oder eben das Aufessen! Meine Gärtnererfahrung sagt, wenn Giersch regelmäßig geerntet wird, hat er zumindest keinen Expansionsdrang mehr, er »läuft nicht los« – und das ist doch auch schon etwas, oder?

Küchentipps. Gierschblätter lassen sich sehr gut zum Dekorieren kalter Platten verwenden. Zarte Blättchen, solange ihre Oberseite noch glänzt, schmecken großartig roh in Salaten. Sind sie größer, aber noch nicht zäh, werden sie von mir in nahezu allen Kartoffel-, Nudel-, Reis- und Gemüsegerichten mitverarbeitet, die ich mir ausdenken kann. Sie halten Hitze aus, bleiben also auch beim Anschwitzen schön grün, sind so mild würzig, dass geschmacklich noch alle Richtungen offen sind, und – wie bereits gesagt – ohnehin so zahlreich, dass sie einfach weg müssen. Sind die Blätter zu groß geworden, aber noch nicht alt und zäh, bleiben immer noch die Blattstiele als grüner »Spargel«.

Und Gierschblüten (eigentlich sollte es soweit im Garten gar nicht kommen, aber wenn dann doch mal ...) sind im Knospenstadium ein wunderbares Gemüse, optisch dem Brokkoli ähnlich, und lassen sich, gerade erblüht, z. B. prima in Teig ausbacken.

VERWECHSLUNGSGEFAHR

Den Ausbreitungsdrang der weißlichen Wurzelwürmer, die auch noch leicht brechen und von denen jedes zurückgelassene Stückchen im Boden in Windeseile wieder loswächst, wird kein Gärtner vergessen, der mal damit gekämpft hat. Die deutlich dreikantigen Blattstiele sind ein gutes Unterscheidungsmerkmal, um nicht an andere, in der Form ähnliche Blätter zu geraten, z. B. die des giftigen kriechenden Hahnenfuß, der gelegentlich genau den gleichen Sammelort besiedelt – dann bitte nicht rupfen, sondern pflücken. Die Blüte ist dagegen für Laien kein sicheres Unterscheidungsmerkmal. Doldenblüten zu unterscheiden, erfordert je nach Art etwas Übung, denn giftige Familienangehörige wie die Hundspetersilie gilt es zu meiden!

Kleiner Extra-Tipp. Gierschblüten halten unglaublich lange in der Vase, sind also wunderbares Beiwerk für Ihren Rosen- oder Pfingstrosenstrauß ...

Gierschstiele mit Senf-Blauschimmelkäse-Creme

↗ siehe Abb.

1 Handvoll recht große Gierschblattstiele,
1 TL körniger Senf,
1 EL Apfelessig,
1 EL Walnussöl,
40 g zimmerwarmer Blauschimmelkäse,
1 Knoblauchzehe, Salz, Pfeffer

Mancher denkt, Wildkräuterküche sei vor allem Blattmasse: Alles irgendwie Spinat! Weit gefehlt: Sie bietet auch jede Menge knackiges Gemüse. Ran an die Blattstiele!

Die Blattstiele in Salzwasser einige Minuten bissfest garen. Alle restlichen Zutaten cremig pürieren, über die Blattstiele geben und z.B. als Gemüsebeilage zu Fleisch servieren.

Fischfilet mit Gierschspinat und Feta

↗ siehe Abb.

2 Fischfilets (z.B. Rotbarsch),
1 Schalotte, 2 EL Öl,
1–2 große Handvoll
zarte Gierschblätter,
1 TL Koriandersaat,
Pfeffer, Salz,
250 g Fetakäse

Das Rezept ist ein gutes Beispiel dafür, dass sich alle Spinatrezepte genauso mit Giersch zubereiten lassen.

Filets von einer Seite anbraten, die Schalotte würfeln und in einer anderen Pfanne in Öl anschwitzen, die gewaschenen, tropfnassen Gierschblätter zufügen, zusammenfallen lassen und den Spinat mit Pfeffer und Salz kräftig abschmecken. Fischfilet auf ein Backblech setzen, mit Salz und gemörsertem Koriander bestreuen, den Spinat darauf verteilen und mit Fetastreifen belegen. Bei 180 °C Oberhitze 5–8 Minuten überbacken.

Grüne Bandnudeln

200 g Mehl,
200 g Hartweizengrieß,
2 Tassen Gierschblätter,
4 Eier, Salz

Nudelteig ist, wenn nur ein paar Minuten Zeit und Nachbars Eier von glücklichen Hühnern übrig sind, eine tolle Möglichkeit, viel Giersch loszuwerden, um sich später darüber zu freuen. Der fertige Teig wird entweder zu Lasagne weiterverarbeitet oder gleich mit dem Kräuterroller in Streifen geschnitten.

Trockene Zutaten und ganz fein gewiegte Kräuter gut vermengen, zusammen mit den Eiern glatt kneten. Nur wenn nötig, tropfenweise Wasser zugeben. Den Teig sehr dünn ausrollen (wenn vorhanden, mit der Nudelmaschine auf Stufe 3) und schneiden.
Die fertigen frischen Bandnudeln in Salzwasser nur 3–4 Minuten garen und als Beilage oder im Eintopf servieren. Was nicht sofort verbraucht wird, kann problemlos getrocknet werden. Dazu breite ich die Nudeln locker auf einem weißen Tischtuch aus – das Aufhängen, wie Oma es früher machte, ist zu mühsam und auch nicht nötig. Wenn die Nudeln (am nächsten Tag) mit lautem »Knack« zerbrechen, werden sie in ein dicht schließendes Gefäß abgefüllt.

Grünes Kartoffelmus

↗ siehe Abb.

750 g Kartoffeln, 1–2 Handvoll zarte Gierschblätter, wenig Gundermannspitzen, ½ l Milch, 1 Butterflocke, Salz, Pfeffer

Das Kartoffelmus schmeckt gleich frisch, petersilig, nach Garten und überhaupt zu allem, was sonst noch auf dem Teller liegt!

Kartoffeln schälen und in Salzwasser gar kochen. Inzwischen den Giersch grob schneiden, den Gundermann auszupfen, beides in die Milch geben und pürieren, anschließend in einem Topf erhitzen und die Butter darin schmelzen. Die heißen Salzkartoffeln durch die Kartoffelquetsche pressen, grüne Milch nach und nach zugeben und zu einem sämigen Kartoffelmus rühren, mit Pfeffer und Salz würzen.

Giersch-Graupen-Risotto

2 Handvoll Giersch,
2 Zwiebeln,
1 Knoblauchzehe,
40 g Butter,
300 g mittelfeine Graupen,
reichlich 1,5 l Gemüsebrühe,
250 g Champignons,
Pfeffer, Salz,
frisch gehobelter Parmesan

Diese ganz heimische, bodenständige Version des edlen Risotto hat mir erst vor kurzem die Graupen zurück in die Küche gebracht, die ich eigentlich nur noch aus der Schulküche kannte – und ich bin begeistert. Versuchen Sie's!

Gierschblätter grob schneiden, Blattstiele separat in Stücke schneiden. Zwiebeln würfeln, Knoblauch fein hacken, beides in der Hälfte der Butter anschwitzen, Graupen zufügen und unter Rühren glasig dünsten. Ein wenig kochend heiße Gemüsebrühe zugeben und gut rühren. Dann nach und nach die restliche Brühe zugeben und so lange gut rühren, bis die Flüssigkeit aufgesogen ist – insgesamt 15–20 Minuten auf kleinster Stufe ohne Deckel. Nach etwa 10 Minuten die Gierschblätter fein geschnitten zugeben. Nebenbei in der restlichen Butter die Champignons und die Gierschstiele anbraten. Den fertigen Risotto mit Pfeffer und Salz kräftig abschmecken, auf die Teller geben. Champignons, Stiele und Parmesan darauf anrichten.

Wilde »Spinat«-Lasagne

1 Zwiebel, Öl,
300 g Kalbshack,
Salz, Pfeffer,
3 große Handvoll zarte Gierschblätter,
Würzkräuter (Pimpinelle, Gundermann, wenig Bärenklau oder Pastinakengrün, ...), 1 EL Mehl,
500 ml Gemüsebrühe,
200 ml Sahne,
200 g Schmand,
500 g Lasagneplatten,
200 g geriebener Käse

Immer wenn im Sommer Pasta auf den Tisch kommt, kann man auch Giersch essen. Die Lasagne ist nur ein Verarbeitungsbeispiel und wird – wenn es genügend Küchenhelfer gibt – lieber mit hausgemachtem frischem Nudelteig zubereitet (s. S. 40 – für den Kontrast dann lieber hellen oder roten Nudelteig mit etwas Wasser oder Tomatenmark herstellen).

Die Zwiebel würfeln, in heißem Öl glasig braten, dann das Hackfleisch zufügen und krümelig anbraten, dabei kräftig würzen. Gierschblätter grob schneiden, waschen und tropfnass zufügen. Zusammenfallen lassen und zum Schluss die frischen Würzkräuter klein geschnitten dazugeben, mit Mehl bestäuben und mit Brühe ablöschen. Sahne und Schmand unterrühren.
In die Form abwechselnd Giersch-Hackmasse und Lasagneplatten füllen, dabei mit der Masse beginnen und enden, die Lasagneplatten auch am Rand gut mit Masse bedecken und schließlich geriebenen Käse aufstreuen.
Im vorgeheizten Backofen bei 180 °C ca. 25 Minuten gratinieren.

Gundermann

[Glechoma hederacea]

Gundermann kennen Sie nicht? Aber diesen kriechenden Beetrand-Eroberer mit seinen runden Blättchen, der im Frühling seine kleinen lila »Taubnesseln« sogar aus der Rasenfläche auferstehen lässt, den kennen Sie! Na also, der ist ja auch überall.

Früher wurde er sogar *Soldatenpetersilie* genannt, weil er selbst nach ganz vielen Fußtritten nicht nachgibt.

Gundermann ist eines der wenigen überall verbreiteten und sehr würzigen heimischen Kräuter (vielleicht neben dem Beifuß), dem deshalb auch Zauberkräfte nachgesagt wurden. Wer beispielsweise in der Walpurgisnacht einen Kranz aus Gundelreben auf dem Kopf trägt, erkennt unfehlbar jede Hexe. (Manch einer behauptet heutzutage, er erkennt daran eine Hexe.)

Wer hätte gedacht, ein völlig unentdecktes, magisches Würzkraut im Garten zu haben, das auch noch prima zu Fleisch, Brühe, Füllungen und sogar zu Schokolade passt? Gundermann würzte auch so manche Biermaische, bevor man beschloss, dafür ausschließlich Hopfen zu verwenden. Insekten mögen die Blüten sehr gerne, Kühe und Schafe fressen das Kraut problemlos, aber für Pferde, Meerschweinchen und einige Vögel ist es giftig.

Garten. Gundermann ist wintergrün. Doch zu dieser Jahreszeit ist natürlich das, was sich von ihm noch im Garten finden und ernten lässt, nicht mehr aromatisch und küchentauglich. Deshalb habe ich vor einigen Jahren eine Gundermannranke in einem Topf unter der Palme in unserer Stube angesiedelt. Da war vorher sowieso nackter Boden und ich dachte, ein weiteres Kraut wäre fein. Seitdem wächst der Gundermann im Sommer unbehelligt über den Topfrand hinaus und im Winter wieder »rückwärts«, wenn er abgeerntet wird.

In Gärtnereien ist im Frühling eine weiß-bunte Version zu bekommen, die über den Rand des Balkonkastens oder der Blumenampel wachsen soll. Ob diese Pflanzen aber kulinarisch verwertet werden können, hängt von ihrer chemiefreien Anzucht ab. Unbedingt nachfragen!

Küchentipp. Gundermann blüht sehr früh im Jahr. Sein Aroma ist vor der Blüte am besten – fruchtig, aromatisch, würzig. Später wird der Geschmack intensiver, erdiger, schwerer, irgendwie »animalischer«, sodass einmal ein Koch auf einer meiner Kräutertouren sogar den Gedanken äußerte, ein vegetarisches Irish Stew zuzubereiten – mit Gundermann statt Schaf ...

Ich verwende ihn gern das ganze Jahr hindurch, später werden einfach bevorzugt die zarteren Blätter an den Triebspitzen geerntet und sparsamer dosiert. Überhaupt orientiert man sich bei den verwendeten Mengen z. B. an Majoran und anderen Würzkräutern, Gundermann ist kein Wildgemüse!

VERWECHSLUNGSGEFAHR

Gundermann kriecht überall mit seinen Ausläufern voran. Jede Blattachse treibt, wo sie feuchten Boden berührt, wieder Wurzeln. Allein nach der Blattform könnte man ihn mit ganz jungen Nelkenwurz- oder Knobauchraukeblättern oder aber mit denen des Veilchens verwechseln. Sie alle bilden Blattrosetten, wurzeln also in einem Punkt und ranken nicht. Keine von ihnen riecht so kräftig würzig wie Gundermann, aber alle sind ungiftig und verwertbar.

Zucchini süß-sauer

500 g gelbe Zucchini, 1 Zwiebel, 1 Knoblauchzehe (nach Belieben), 3 EL Öl, 500 ml Wasser, 200 ml Weinessig, 1 Lorbeerblatt, 1 Stück Chilischote, 1 EL Salz, 1 TL Zucker, eine Ranke mit ca. 10 Gundermannblättern, 2–3 Wacholderbeeren, ein Kernöl zum Andünsten.

Inzwischen sind die gelben Zucchini bei uns weit beliebter als grüne. Sie sind fester im Fleisch und schmecken fast schon nach Champignons. Aber süß-sauer einlegen lassen sich nach diesem Rezept auch Maiskölbchen, Blumenkohl und vieles mehr.

Die Zucchini in Stücke schneiden, Zwiebel würfeln und Knoblauch fein hacken. Zwiebel und Knoblauch in Öl anschwitzen, Zucchini zufügen. Nach kurzer Zeit mit Essigwasser ablöschen (der Essig darf ruhig beißen, damit es gut durchzieht, sonst wird es zu lasch) und alle Zutaten zugeben. Ganz kurz aufwallen lassen, damit die Zucchinistücke bissfest bleiben, und heiß in Schraubgläser füllen. Bis zum ersten Probieren sollten mindestens 4 Wochen vergehen!

Gemüsebrühe

ca. 3 l Wasser, 3 EL Salz, 1 EL Pfefferkörner, 2 Lorbeerblätter, 1 Schuss Öl, 2 Zwiebeln ungeschält, Kohlgemüse (2 Kohlrabiblätter, Blumenkohlstrunk oder einfach nur Blätter ...), Wurzelgemüse (das obere grüne Möhrenende samt Blättern, Löwenzahn- oder Nachtkerzenwurzel), Würzkräuter (Giersch, 1 Ranke Gundermann, wenig Liebstöckel und/oder Sellerieblätter, 1 Fenchelblatt, 1 Bärwurzblatt, ...) – alle Zutaten je nach dem, was gerade da ist

Ein Grundrezept – und keine Ausreden mehr! Gemüsebrühe kocht knapp 20 Minuten, gerade so lange wie Kartoffeln. Man braucht kein spezielles Suppengemüse, sondern nur Gemüsereste, Blätter und Strünke. Alle Gemüse- und Kräuterzutaten lassen sich für diesen Zweck ohne Weiteres klein schneiden und trocknen. Die fertige Brühe kann man sogar einwecken – so hat man immer etwas vorrätig, wenn es ganz schnell gehen muss.

Alle Zutaten zusammen aufkochen und ca. 20 Minuten leise köcheln lassen. Durch ein Sieb gießen. Zum Einwecken sofort, d.h. noch kochend heiß durch ein Sieb in ausgespülte Schraubgläser füllen, zudrehen und zum Abkühlen auf den Deckel stellen.

Schokolierter Gundermann

↗ siehe Abb.

Zartbitterkuvertüre, kleine Gundermannblättchen (Menge nach Bedarf)

Ich weiß, es klingt schräg, ein gutes Fleischgewürz zu schokolieren (für Kinder wähle ich auch weiterhin lieber Minze), aber zu einem Roseneis oder Nelkenpudding passt diese würzig herbe Note wunderbar!

Kuvertüre im Wasserbad vorsichtig schmelzen. Dabei nicht zu stark erhitzen oder die Masse durch Einrühren eines ungeschmolzenen Stücks herunterkühlen, damit die Schokolade dann nicht stumpf wird.
Die Blätter ungewaschen und so frisch wie möglich mit dem Backpinsel von allen Seiten mit Kuvertüre bestreichen (Tauchen lässt die Blättchen aneinanderkleben und macht die Form kaputt). Auf Backpapier legen und gut auskühlen lassen.
Eine prima Dekoration für Eis, Tortenstücke und andere Leckereien, z.B. für Löwenzahn-Zitronen-Sorbet (Rezept S. 61).

Kräuterlimo

3 Gundermannblütentriebe, 10 helle Gierschblätter, wenig Minze oder weiße Melisse, 1 Bio-Zitrone, ¾ l Apfelsaft, 1 l Mineralwasser

Ein tolles Aroma, das einfach zum Frühling gehört – und sich sogar im Sirup einfangen lässt (siehe S. 123)!

Kräuter bündeln, Zitrone waschen und mit dem Sparschäler einen ca. 10 cm breiten Streifen der Schale abschälen. Zitrone auspressen. Zitronen- und Apfelsaft vermischen, Kräuter und Zitronenschale darin mindestens 2 Stunden ziehen lassen. Abseihen und mit Mineralwasser aufgießen.
Zu Buchweizenpfannkuchen (Rezept S. 28) servieren.

Hirtentäschel, Ackerhellerkraut und Viermänniges Schaumkraut

[Capsella bursa-pastoris, Thlaspi arvense, Cardamine hirsuta]

»Sie essen auch alles« sagte eine Dame kopfschüttelnd. Das stimmt natürlich nicht. Manchmal esse ich aber tatsächlich mehr, als ich namentlich kenne.

Als ich, mal wieder in winterlicher Lektüre vertieft, las, dass man von manchen Pflanzenfamilien sogar pauschal sagen kann, es gibt keine giftigen, alle sind essbar, wenn auch manche nicht schmecken – da war meine Neugier geweckt, und die Zahl der mir bekannten essbaren Pflanzen hatte sich schlagartig fast verdoppelt.

Eine Gattung, für die das mit fast all ihren heimischen Vertretern gilt, sind die Kreuzblütler. Dazu gehören ja ohnehin viele Altbekannte wie Meerrettich, Rettich, Senf und Rucola, aber auch so »kleine Wilde«, wie das seit Kindertagen vertraute Hirtentäschel mit seinen dreieckigen Samen, das Ackerhellerkraut, dessen Heller wir als Pfennige zum Bezahlen der »Sandkuchen« nutzten, und Garten-Neueroberer wie das schon beschriebene Viermännige Schaumkraut oder die Knoblauchrauke (s. S. 52).

Für die gesamte Familie charakteristisch ist der bitterlich-scharfe Geschmack. Dabei wird es nicht schärfer als Meerrettichwurzel oder bitterer als Rucola (dann wäre es ohnehin nicht mehr küchentauglich). Man verwendet von einigen eher die Wurzeln (Meerrettich und Radieschen) und Blätter (Rucola und Brunnenkresse), andere werden hingegen vor allem der Samen wegen angebaut (Senf und Raps). In meiner Küche tauchen aber gern auch die voll entwickelten, aber unreifen Samenschoten auf. Wichtig ist nur, sie zu ernten, solange sie noch zart sind und sich nicht, wie ich immer sage, »spelzig« (also hart und trocken) anfühlen.

Garten. Hirtentäschel und Hellerkraut bevorzugen offenen, frisch bearbeiteten Boden, tauchen also nicht im Staudenbeet oder am Gehölzrand, sondern mitten auf der Anbaufläche auf und lassen sich dort auch gut jäten. Da sie aber als einjährige Pflanzen auf regelmäßiges Wiederaussäen angewiesen sind, haben sie sich in unseren Gärten recht rar gemacht. In einer Menge, die das Ernten lohnt, findet man sie eher auf Bioäckern. Das ist schade, denn gerade auf recht ungenutzten Herbst- und Winterbeeten gedeihen beide meist besser als Feldsalat, lassen sich aber ebenso nutzen – wobei das Ackerhellerkraut die weit saftigeren Blattrosetten entwickelt. Bringen Sie doch vom nächsten Spaziergang ein wenig Saatgut für die Herbstaussaat mit!

Küchentipps. Die Blattrosetten sollte man ernten, bevor sich der Blütenstiel entwickelt, der ist zäh und kann nicht mitgegessen werden. Das Waschen der am Boden wachsenden Blattrosette kann recht mühsam sein, dann ist es besser, mit der Küchenschere die Basis abzuschneiden und einzelne Blättchen weiterzuverarbeiten.

VERWECHSLUNGSGEFAHR

Bei der Familie der Kreuzblütler ist gelegentlich eine Unterscheidung der einzelnen Wildpflanzen schwierig, aber auch nicht immer nötig. Die einzigen giftigen Vertreter dieser Familie sind die Schöteriche, zu denen der oft als Zierpflanze im Garten gepflanzte Goldlack gehört. Sie haben längliche Samenschoten mit einem deutlich vierkantigen Querschnitt und enthalten herzaktive Glykoside. Alle anderen Kreuzblütler sind für die Ernährung tauglich oder zumindest bedenkenlos zu probieren. Auch Hirtentäschel und Ackerhellerkraut sind an ihrer charakteristischen platt gedrückten dreieckigen bzw. runden Schotenform ganz eindeutig zu identifizieren.

Extra. Die Samen des Hirtentäschels gelten als stark blutgerinnungsfördernd und wurden in früheren Zeiten – noch während der beiden Weltkriege – zu entsprechenden Behandlungen herangezogen. Für die Ernährung also die grünen, nicht ausgereiften Samenkapseln ernten, aber nicht kiloweise verzehren.

Putenmedaillons mit Kräuterkruste

1 kleine Tasse Hirtentäschel- oder Hellerkrautsamenschoten, 1 kleine Tasse Semmelbrösel, 1 kleine Tasse geriebener Hartkäse, ca. 50 g Butter, 400 g Putenbrust, Öl zum Braten, Pfeffer, Salz

Diese Kräuterkruste ist in meiner Küche allgegenwärtig, wird in unzähligen Varianten hergestellt und gern auch von Kochkursteilnehmern erprobt. Sie bedeckt nicht nur Putenmedaillons, sondern auch blanchierte Kohlrabi- und Selleriescheiben, gefüllte Kürbisse oder Blumenkohl. Wenn keine Ackerheller zu haben sind, nimmt man einfach die gleiche Menge Meldesamen, Brennnesselsamen, Breitwegerichsamen oder auch gehackte Nüsse.

Für die Kruste vorab die Samen grob hacken, mit Semmelbrösel und Hartkäse mischen, mit etwas weicher Butter zu einem Teig verarbeiten, der weder krümeln noch kleben sollte. Diese Masse zwischen zwei Lagen Backpapier geben und mit dem Nudelholz sehr dünn ausrollen. Einige Minuten im Kühlschrank ruhen lassen, dann lässt sich das Backpapier gut abziehen und die Kruste zuschneiden.
Putenbrust zu Filets schneiden (nicht zu dünn), pfeffern und salzen. In heißem Fett ganz kurz von beiden Seiten anbraten (aber nicht durchbraten!). Aus der Pfanne nehmen, in eine Auflaufform setzen und mit der Kräuterkruste bedecken. Den auf 180 °C vorgeheizten Backofen auf Oberhitze bzw. Grill umschalten und ca. 5 bis 8 Minuten überbacken, bis die Kruste kross ist.

Kräuter-Knusperstangen

einige Scheiben Blätterteig (TK), fein gehackte Ackerhellersamenschoten oder andere Würzkräuter, Eier, geriebener Parmesan oder gerösteter Sesam (Mengen nach Bedarf)

Knusperstangen werden bei uns mit allerlei Kräutern als Füllung hergestellt. Die scharf-würzige Ackerhellervariante passt wunderbar zu Rettichsalat oder Frischkäse-Dip.

Den Blätterteig auftauen und auf etwa doppelte Größe ausrollen. Eine Mischung aus Kräutern und Eigelb rühren, salzen. Die Platte zur Hälfte mit der Mischung bestreichen und mit etwas Sesam oder Parmesan bestreuen. Zuklappen, festdrücken und dünne Streifen schneiden. Die Streifen in sich verdrehen, auf ein Backblech legen und bei Mittelhitze goldgelb backen.

Kräuterfladenbrot

Teig:
20 g Hefe, 400 g Mehl, 1 Prise Salz, 50 ml Olivenöl

Füllung:
200 g geriebener Käse, ½ Tasse Sämereien von Hirtentäschel, Melde oder Brennnessel, ganz fein gewiegte Würzkräuter nach Wahl (Oregano, Gundermann, Pimpinelle …), Öl, Salz

Keine Angst vor Hefeteig! Der gelingt eigentlich immer, wenn er keine Zugluft und genügend Zeit zum Gehen bekommt. Er sollte schon am Anfang nicht zu stramm sein und auch beim Ausrollen darf nicht mehr zu viel Mehl hineingeknetet werden.

Hefe mit 200 ml lauwarmem Wasser verrühren, Mehl und Salz mischen, aufgelöste Hefe und Öl dazugeben, verkneten und zugedeckt an einem warmen Ort 45 Minuten gehen lassen. Inzwischen eine Mischung aus geriebenem Käse, wenig Öl, Kräutern, Samen und Salz herstellen. Aus dem Hefeteig zwei dünne Teigplatten ausrollen, eine auf ein mit Backpapier ausgelegtes Backblech legen, die Käse-Kräutermischung darauf verteilen und mit der zweiten Teigplatte zudecken. Den Rand mit Hilfe von Wasser verkleben, in die Oberfläche mit dem Finger kleine Mulden drücken und wenige Tropfen Öl hineinträufeln. Zugedeckt noch einmal 15 Minuten gehen lassen, dann bei 200 °C ca. 20 Minuten backen.

Ackerheller-Blattrosetten-Salat

2 Chicorée, 1 große Handvoll Blattrosetten vom Ackerhellerkraut, 5 Radieschen, 1 Tasse Haselnusskerne

Marinade:
3–4 EL Sonnenblumenöl, 1–2 EL Himbeeressig, 1 TL Salz, Pfeffer

An einem milden Wintertag ist es mir einmal schwer gefallen, die wilden »Rettichrapunzel«, die auf dem Streifzug plötzlich vor mir standen, überhaupt bis nach Hause zur Salatschüssel zu bringen: Einen Großteil der Beute hatte ich gleich pur auf dem Rückweg verspeist.

Chicorée schneiden, Blattrosetten verlesen und gut waschen, Radieschen in Scheiben schneiden. Haselnusskerne ohne Fett kurz anrösten, zwischen zwei Blättern Küchenpapier die braunen Häutchen abkrümeln, Kerne grob hacken. Alles mischen, die Marinadezutaten zugeben und gut durchrühren.

Knoblauchrauke

[Alliaria petiolata]

»Noch ein Kräutlein, probieren Sie mal, wie schmeckt das?« – Für alle, die Knoblauch nicht mögen, nennen wir es ***Lauchhederich***, um der Vorzensur im Kopf zuvorzukommen und der Zunge die Entscheidung zu überlassen.

Und wie schmeckt es nun? Wie der grüne Lauch vom Knoblauch. Und das Beste ist: Es ist gar kein Lauch, hat einen anderen Rhythmus und lässt sich prima ernten, wenn Lauch gerade nichts taugt: Im Frühsommer, wenn Bärlauchblätter nicht mehr schmecken und die Ernte von zu viel Zwiebelgrün das Wachstum der Zwiebeln aufhalten würde. Und im Spätsommer und Herbst, wenn nirgendwo mehr Grünes aus der Lauchfamilie zu finden ist, gehen die Hederichpflänzchen auf, die nächstes Jahr blühen wollen. Vorwitzige treiben sogar bei mildem Winterwetter in unserem Vorgarten.

Und wenn im Juni die Samenschoten erscheinen, ist der Hederich seiner Rapsverwandtschaft gar nicht unähnlich. Zur Zeit der Samenreife jedenfalls habe ich auf meinen Spaziergängen immer einen leeren Senfbecher dabei. Mit wenigen Handgriffen – also im Vorbeigehen – lassen sich die Samenschoten abstreifen, zerreiben, Spelzen wegpusten, Samen aufbewahren. Mit seiner Lauchschärfe ist der Hederich eine prima Ersatzsenfsaat oder »wilder Pfeffer« und eignet sich auch gut für Keimsprossen.

Garten. Knoblauchrauke ist ein typischer Bewohner von Gehölzrändern. Nachdem ich sie vor einigen Jahren in unserem Garten angesiedelt hatte, taucht sie eigentlich nur an genau diesen Stellen und nicht im Beet auf. Was bei der Samenernte zu Boden fällt, sorgt für den Nachwuchs, der sich dann im Frühling und Herbst als ganzes Pflänzchen mit der Wurzel problemlos ernten lässt, um allzu heftiger Verbreitung zuvorzukommen. Aber von Unkraut kann hier wirklich keine Rede sein.

Küchentipps. Leider halten die Blättchen keine Hitze aus, sondern werden grau, wie man das zum Beispiel auch von Petersilie kennt. Sie sollten deshalb immer erst dem fertigen Essen zugefügt sowie in Füllungen oder für Rohzubereitungen verwendet werden. Samen, die man zum Würzen einsetzt, sollten vorher gemörsert oder durch eine Pfeffermühle gedreht werden, um ihr Aroma aufzuschließen.

VERWECHSLUNGSGEFAHR

Die runde Herzform der jungen Blätter ähnelt z.B. derer des Veilchens – aber auch die sind essbar. Auch Gundermann-Blättchen hielten Kursteilnehmer auf der Suche nach Knoblauchrauke schon in der Hand. Aber die wachsen an Ranken und nicht als Rosette, und wenn man sich nicht nur auf die Augen verlässt, sondern mit allen Sinnen sammelt, wird die Nase den Unterschied leicht feststellen. Ganz junge Nelkenwurzblätter ähneln ebenfalls optisch denen der Knoblauchrauke, sind jedoch ungiftig und riechen kein bisschen nach Lauch.

Kräckerbrot mit wildem Pesto ↗ siehe Abb.

Kräckerbrot:
Weizenmehl Type 405,
Salz, Schwarzbier
(Mengen nach Bedarf)

Pesto:
je 1 Handvoll zarte Beinwellblätter und Knoblauchraukenblätter, Saft von einer Zitrone, ½ Tasse Sonnenblumenkerne, 100 ml Sonnenblumenöl, Salz

Das Kräckerbrot ist meine bevorzugte Version des Knabberns ohne »Food-Designer-Chipsgeschmack« und ohne Süßes zu naschen. Es lässt sich auch wunderbar in jeden möglichen Dipp, in Chutney oder Quarkspeise stippen. Leider reicht die Kraft von Bierhefe nur, um weißes Mehl aufgehen zu lassen, in Vollkornmehl entstehen die typischen Luftblasen nicht.

Zum Mehl eine Prise Salz geben und schluckweise, ganz langsam so viel Schwarzbier zufügen, bis das Ganze zu einem glatten, nicht klebenden Teig verknetet werden kann. Den Teig eine Stunde ruhen lassen und dann sehr dünn (Stufe 3 der Nudelmaschine) ausrollen und im Backofen goldgelb ausbacken. Noch heiß mit etwas Butter einpinseln und mit im Mörser angestoßenen Knoblauchraukensamen bestreuen.
Für das Pesto Blätter verlesen, aber möglichst nicht waschen oder sehr gut trocknen und grob schneiden. Mit dem Zitronensaft zusammen im Mixer pürieren, Sonnenblumenkerne kurz mitpürieren (je nach Geschmack halbfein bis pastos), mit Öl glatt rühren und mit Salz abschmecken.

Weißer Wintersalat mit Raukenkeimsprossen

1 große Chicorée-Staude, 1 ca. 10 cm großes Stück weißer Rettich, 4 Champignonköpfe, 1 EL Sonnenblumenkerne, 2 EL Knoblauchraukesamen, ausgekeimt, 1 TL Honig, 1 TL milder Senf, 2 EL Weinessig, 2 EL Wasser, 1 walnussgroßes Stück frischer Meerrettich (frisch gerieben), ca. 100 ml neutrales Öl, Pfeffer, Salz

Sprossen ergänzen wunderbar die knappe Winterrohkost oder den Treibhaus-Notbehelf in der kalten Jahreszeit – natürlich vor allem dann, wenn es sich um selbst gesammelte, wilde Sämereien handelt!
Zum Sprossen ziehen werden die Samen über Nacht im handwarmen Wasser eingeweicht, am nächsten Morgen abgegossen und auf einer Schale ausgebreitet, mit einem Glasdeckel oder Folie bedeckt und an einem hellen, warmen Ort zum Keimen aufgestellt. Zwei Mal am Tag werden die Keimlinge mit warmem Wasser gespült und nach 3 bis 4 Tagen können sie verzehrt werden.

Chicorée in feine Ringe, Rettich und Champignons in feine Stifte schneiden, Sonnenblumenkerne hacken. Alles zusammen mit den Keimlingen gut mischen. Honig, Senf, Essig, Wasser und Meerrettich gut verrühren, bei kräftigem Rühren Öl langsam einlaufen lassen, bis ein sämiges Dressing entsteht. Mit Pfeffer und Salz abschmecken und über den Salat geben.

Kohlrabicremesuppe mit Knoblauchrauke

2 Kohlrabi, 1 Lorbeerblatt, 150 ml Hühnerbrühe (oder Gemüsebrühe, siehe S. 45), 50 ml Milch, 80 g Schmand, 1 EL Butter, Salz, Pfeffer, Saft von ½ Zitrone, 1 Handvoll Knoblauchraukeblätter

Schon toll, welche Verwandlung eine Suppe durch eine Handvoll würziges wildes Grün erfährt!

Kohlrabi schälen, würfeln, mit dem Lorbeer in der Hälfte der Brühe weich kochen, Lorbeer entfernen. Milch zugeben und pürieren. So viel Brühe einrühren, bis eine sämige Konsistenz erreicht ist. Schmand und Butter unterrühren und mit Zitronensaft, Pfeffer und Salz abschmecken. Noch einmal aufwärmen und vom Herd nehmen. Reichlich Knoblauchrauke ganz fein wiegen, der Suppe zufügen und sofort servieren.

Löwenzahn

[Taraxacum officinale]

Kennen Sie die Pflanze mit den meisten deutschen Namen? *Rahmstock, Maistöckel, Pusteblume, Hundeblume* ... Ja, *Hundeblume*. Besser, man erntet diesen Stickstoffsammler nicht dort, wo nichts anderes wächst – das ist nämlich meistens eine bestens gedüngte (Hunde-)Wiese.

Rahmstock (der Rahm bzw. die Milch, die aus dem Stängel fließt) ist jedenfalls nicht giftig. Das haben unsere Mütter wohl nur aus Angst um unsere Kleider gesagt. Wenn der Milchsaft nämlich erstmal zu einer Art Gummi eingetrocknet ist, lässt er sich nicht mehr auswaschen, von den Händen aber vielleicht »abradieren«.

Die gesamte Pflanze ist essbar, wenngleich der Stängel wirklich ungenießbar bitter ist – Essen und Genießen ist eben doch zweierlei. Die anderen Pflanzenteile kann man aber leicht entbittern, indem man sie z. B. wässert.

Frühere Gärtnerinnen haben die Blätter zum gleichen Zweck gebleicht, indem sie einfach einen Blumentopf darüber gestülpt haben – aber das funktioniert in unserem Garten nicht. Nach einigen Tagen finde ich unter dem Topf nicht Löwenzahn, sondern viel zu viele Kellerasseln oder Ameisen. Probieren Sie es trotzdem aus!

Löwenzahnknospen sind ein wunderbares Frühlingsgemüse, das sich zur richtigen Zeit auch recht flott ernten lässt. Eine Tasse ist in wenigen Minuten gefüllt – und größer wäre die Dose Erbsen auch nicht, die sonst die Gemüsebeilage ergäbe.

Ja, und wenn Sie die Knospen als Gemüse servieren, warnen Sie die Gäste gegebenenfalls, sonst geht es Ihnen wie mir: Beim Hoffest auf dem Kräuterhof rief eine Dame ihrem Mann mit Blick auf die frische fertige »Unkrautpizza« plötzlich zu: »Da sinn ja Käfer droff!« Mit einem kurzen prüfenden Blick habe ich dann den »Käfer« identifiziert: Eine Löwenzahnknospe hatte, auf dem »Rücken« liegend, ihre Kelchblätterbeinchen von sich gestreckt und sie beim Überbacken auch noch angesengt. Entwarnung!

Garten. Bei Gärtnern ist der Löwenzahn mit seiner Pfahlwurzel meist sehr unbeliebt. Dabei zeigt er, wenn die Blütezeit im späten Frühling vorbei ist und der Angriff der »Fallschirmtruppen« erfolgreich abgewehrt werden konnte, für den Rest des Jahres keine weiteren Ausbreitungstendenzen. Dann macht es Sinn, ihn dort, wo er nicht stört, wachsen und gedeihen zu lassen und die Wurzeln erst im späten Herbst auszugraben. Dann sind sie auf Fingerdicke angewachsen und ertragreich.

Küchentipps. Löwenzahn ist eine ausgesprochene Bitterstoffpflanze – das ist zwar gut für das Verdauungssystem, aber es soll ja auch schmecken! Deshalb sollten ungeübte Gaumen den Löwenzahn zuvor entbittern und mit anderem »Mischgemüse« verarbeiten. Die Blätter lässt man dazu 5 bis 10 Minuten im Waschwasser liegen, Wurzeln werden 20 bis 30 Minuten gewässert. Die Knospen, ohne Stängel gepflückt, haben so wenige Bitterstoffe, dass sie schon durch die normale Zubereitung in Brühe oder Bratfett sehr schmackhaft sind.

Blüten werden nie gewaschen und auch nicht nach Regen geerntet. Um ihren vollen Geschmack zu entfalten, müssen sie voller Blütenstaub stecken.

Sehr gut konservieren lassen sich neben »Löwenzahnhonig« eigentlich nur die Wurzeln. Sie werden in Salzwasser oder sauer eingeweckt und können, in feuchtem Sand eingeschlagen, wie anderes Wurzelgemüse zu Wintervorrat gemacht werden. Gelegentlich treibe ich eine Art Chicoréeduplikat daraus: Dazu werden einige Wurzeln in ihrem Sandeimer warm gestellt, damit sie zu treiben beginnen, und mit einem zweiten Eimer abgedeckt, so dass die Blätter weiß und zart bleiben.

VERWECHSLUNGSGEFAHR

Löwenzahn kennt eigentlich jedes Kind, spätestens wenn er zur »Pusteblume« wird. Trotzdem gibt es – seltener im Garten, häufiger auf bunten Sommerwiesen – einige dem Löwenzahn ähnliche Pflanzen wie den Wiesenpippau, dessen Blätter aber behaart sind. Die meisten davon können bedenkenlos gegessen werden.

Wichtig ist vor allem die Unterscheidung der Blüten von denen der giftigen Greis- oder Kreuzkräuter.

Löwenzahn ist die einzige heimische Pflanze, von der wir trotz austretendem Milchsaft unbedenklich alle Teile essen können. Ansonsten gilt weiterhin die Regel: Bei austretendem Milchsaft Finger weg, viele dieser Wolfsmilch- oder Mohngewächse können giftig sein – manche allein schon bei Berührung!

Wurzeln in Schinkenspeck

↗ siehe Abb.

1 Handvoll Löwenzahnwurzeln, 12 Backpflaumen, 12 dünne Scheiben geräucherter Schinkenspeck, 50 ml Sahne, 50 ml Gemüsebrühe, 1 Stück frische Meerrettichwurzel, 1 gestr. EL Speisestärke

Oft höre ich von interessierten Damen: »Aber mein Mann ...« Das folgende Rezept aus der deftigen Winterküche ist bestens für Überzeugungsversuche geeignet und schnell gemacht.

Löwenzahnwurzeln von den Seitenwurzeln befreien, schrubben – Schälen ist nicht nötig – und ca. 20 Minuten wässern. Anschließend in fingerlange Stücke schneiden und in Salzwasser wenige Minuten knapp bissfest garen. Dabei werden die dicksten zuerst ins kochende Wasser gegeben, die dünneren folgen nach und nach, damit alle gleichzeitig gar sind.
Mehrere Löwenzahnwurzelstücke werden nun zusammen mit einer Backpflaume in ein Stück Schinkenspeck gerollt. Bei milder Hitze und ohne zusätzliches Fett werden die Speckpakete rundherum angebraten.
Für die Soße Sahne erwärmen, Brühe zur Hälfte dazugießen, reichlich Meerrettich hineinreiben, wegen des Specks nur vorsichtig salzen. Speisestärke in die verbleibende Brühe rühren, der Soße zufügen und unter Rühren kurz aufkochen. Soße über die gebratenen Wurzelbündel geben und mit Baguette servieren.

Nussiger Vorfrühlingssalat

↗ siehe Abb.

1 Handvoll zarte Löwenzahnblätter, 1 Chicoréestaude, 100 g durchwachsener Schinkenspeck, 3 EL gehackte Walnusskerne, 1 EL Butter, 3 Bärlauchblätter, 1 TL Löwenzahnblütenhonig oder flüssiger Honig, Salz, Pfeffer und Zitronensaft, cremiger Balsamico

Für mich darf dieser Vorgeschmack auf den Frühling gern auch Löwenzahnwurzelstücke enthalten statt des Schinkens oder zusammen damit.

Löwenzahn verlesen, ggf. grob schneiden und waschen (sollte er schon recht bitter sein, kann er dabei einige Minuten im Waschwasser liegen), Chicorée quer in schmale Streifen schneiden, beides auf Salattellern anrichten. Bärlauch fein schneiden. Speck würfeln, zusammen mit den Walnusskernen ohne Fett etwas anrösten. Butter zufügen und zergehen lassen, sofort wieder vom Feuer nehmen. Löwenzahnblütenhonig oder flüssigen Honig in die Butter rühren, mit Salz, Pfeffer und etwas Zitronensaft abschmecken und alles über den Salat geben, mit Bärlauch bestreuen und mit Balsamico beträufeln.

Kartoffelteigtaschen mit »Wiesenrosenkohl«

↗ siehe Abb.

Teig:
500 g mehlige Kartoffeln (gekocht, durchgedrückt und abgekühlt), 1 Eigelb, 50 g Mehl, 20 g Stärke, 50 g Parmesan, Pfeffer, Salz, Muskat

Füllung:
2 Tassen Löwenzahnknospen, 1 Zwiebel, etwas Weißwein, evtl. roher Schinken, Öl zum Braten

Natürlich lassen sich diese Kartoffelteigtaschen zu jeder Jahreszeit zubereiten und mit allem füllen, was der Garten so hergibt. Aber die deftige Löwenzahnversion ist bei uns so beliebt, dass immer auch einige mehr gemacht werden für ein schnelles hausgemachtes Mittagessen aus dem Gefrierfach. Dazu werden die Taschen einzeln ungebraten eingefroren und dann nur ein bisschen angetaut langsam und zugedeckt gebraten.

Kartoffelmasse mit Eigelb, Mehl, Stärke, Parmesan, Pfeffer, Salz und Muskat verkneten und auf der leicht bemehlten Arbeitsfläche etwa 1 cm dick ausrollen. Zwiebelwürfel und evtl. Schinkenwürfel anbraten, Knospen zufügen, sofort mit wenig Wein ablöschen, 2 Minuten reduzieren lassen und vom Feuer nehmen. Mit Salz, Pfeffer und Muskat abschmecken.
Teigquadrate schneiden, Füllung aufsetzen, umklappen, zudrücken und von beiden Seiten in heißem Fett braten.

Löwenzahn-Zitronen-Sorbet

↗ siehe Abb.

500 ml Wasser,
½ Litermaß frisch erblühte Löwenzahnblüten (ungewaschen und voller Pollen),
500 g Zucker,
Saft von 2 Zitronen,
1 TL Schalenabrieb einer Bio-Zitrone

Den Sirup aus Löwenzahnblüten habe ich schon als Kind bei meiner Oma als »Honig« schätzen gelernt und bereite ihn als Brotaufstrich noch genauso zu. Allerdings wird er dazu weiter reduziert, damit er nicht vom Brötchen läuft. Dabei darf die Masse aber nicht mehr kochen, nur dampfen. Geduld ist wichtig, sonst kandiert der Zucker und wird recht schnell bitter.

Wasser aufkochen, Blüten übergießen, höchstens 10 Minuten ziehen lassen. Abseihen, mit Zucker, Zitronensaft und -schalenabrieb mischen, ca. 15 Minuten bei ganz kleiner Hitze einköcheln, dann abkühlen und abgedeckt gefrieren lassen, dabei etwa alle 30 Minuten mit dem Schneebesen gut durchrühren, bis alles gefroren ist. Pur, im Sekt oder im kalten Tee servieren.

MELDE

[Atriplex hortensis]

Jede Pflanze hat ihre Zeit, entdeckt zu werden, sie macht auf sich aufmerksam und Sie müssen das Rufen nur hören.

Die Melde hat uns, meinen Mann und mich, erobert, nicht umgekehrt, und zwar genau im Jahr 2003. Bis dahin hatte ich schon gelegentlich von der Melde gekostet, aber noch nie einen richtig guten Platz zum Ernten gefunden. Bei einem Kartoffelacker weiß man schließlich – Unkraut hin oder her – nie genau, ob nicht gestern noch irgendwas gedüngt oder gespritzt wurde. Als mein Mann und ich unseren Hof kauften, wurde natürlich vor allen anderen Baumaßnahmen der Garten urbar gemacht. Ein riesiger Kompost wurde durchgesiebt, auf allen neu angelegten Beetflächen angedeckt – und alles begrünte sich in kürzester Zeit. Der ganze Garten stand voller Melde, dicht wie Schnittlauch! Wir konnten gar nicht anders, als sie aufzuessen. Seitdem darf jedes Jahr das eine oder andere Meldepflänzchen auch Samen ansetzen, damit immer genügend da ist und weil die Samen einfach lecker sind.

Inzwischen haben deshalb auch zwei weitere Meldesorten Einzug in unseren Garten gehalten. Eine sehr nahe Verwandte, bei der das für die Melde so typische, eigentlich weiße Puder ein leuchtendes Pink angenommen hat, ist besonders stattlich und ertragreich. So richtig begeistert bin ich aber von der inzwischen bei uns angesiedelten, mehr als mannshohen Roten Melde, die gelegentlich auch als »Baumspinat« angeboten wird – ein Staatsstück im Blumenbeet, das sogar leckerer schmeckt als die Wilde, finde ich jedenfalls. In früheren Zeiten, als der mit der Melde verwandte Spinat hier noch nicht Einzug gehalten hatte und der Gefrierschrank nicht erfunden war, vagabundierte Melde aber nicht durch den Garten wie bei uns, sondern wurde gezielt als Sommerspinat angebaut. Schon seltsam, dass wir heute lieber den tiefgefrorenen Fremdling mögen, oder?

Garten. Melden stehen von selbst gern in »Hackfruchtgesellschaften«, also auf Rüben- und Kartoffeläckern, wo sie leider wegen des potenziellen Einsatzes chemischer Mittel heutzutage eigentlich nicht mehr geerntet werden können. Sie sollten also in den Gärten wieder eine Chance bekommen. Sie sind einjährig, lässt man sie blühen und ausreifen, samen sie sich großzügig selbst aus. Ihre Samen überdauern auch einige Jahre in Komposterde, um erst zu keimen, wenn offener Boden zur Verfügung steht. Jätet man Melde immer vor der Samenreife, wird sie den Garten bald wieder verlassen haben. Darf sie aber Samen ausstreuen, ist Mulch in den Beeten die beste Möglichkeit zu verhindern, dass allzu viele Sämlinge wach werden. Die, die es doch schaffen, lassen sich anfangs aber auch problemlos einsammeln und in eine »Sommerspinatreihe« umsetzen.

Küchentipps. Das weißliche, in einer Zuchtsorte auch pinkfarbige Puder der zarten Blätter ist nichts anderes als überschüssige Salze, die aus dem Boden aufgenommen werden, den Stoffwechsel der Pflanze stören könnten und deshalb durch einen besonderen Mechanismus auf der Blattaußenseite abgelagert werden. Melden können daher auf deutlich salzhaltigeren Böden gedeihen als andere Pflanzenfamilien. Der Belag wäscht sich leicht ab, bewirkt aber roh verzehrt einen pelzigen Geschmack im Mund, so dass ich die Weiße Melde ausschließlich gegart verwende. Anders verhält es sich bei der Roten Melde, deren Blätter wunderbar wachsig glatt sind und auch roh sehr gut schmecken. Die Samen beider Meldearten lassen sich sehr gut verwenden, solange sie zwar voll entwickelt, aber noch unreif geerntet werden! Etwas später werden sie hartschalig und fühlen sich beim Essen spelzig (hart und trocken) an. Die der Weißen Melde sind eher Krümel und werden bei uns gern anstelle von Semmelbröseln oder mit ihnen gemischt eingesetzt. Die Samen der Roten Melde sind dagegen eher Blättchen, die anstelle von gehackten Nüssen über Salate gestreut oder in Füllungen verarbeitet werden.

VERWECHSLUNGSGEFAHR

Die Melde gehört zu den Gänsefußgewächsen, genauso sehen die Blätter auch aus und sind mehlig bestäubt. Wenn die Melde blüht, ist sie das, was man überall *falschen Beifuß* nennt. Beide blühen etwa gleichzeitig, auch Beifuß ist essbar, wenn auch weit bitterer, und seine Blätter sind deutlich gefiedert.

Verwechselt werden darf Melde nicht mit dem auch in unseren Gärten gelegentlich vorkommenden, aber giftigen einjährigen Bingelkraut. Dessen Blätter sind aber nie weiß bemehlt und wachsen immer gegenständig, während die der Melde wechselständig angeordnet sind.

Unkrautpizza

Teig:
125 g Magerquark,
1 Pck. Backpulver, 4 EL Milch,
1 Ei, 4 EL Öl, 350 g Mehl

Belag:
Tomatenpüree, Pfeffer, Salz, Würzkräuter (Pimpinelle, Gundermann o.a.), Blätter (Giersch, Melde, Franzosenkraut o.a.), Unkrautsprossen, Blüten (Löwenzahnknospen, Gänseblümchen usw.), dazu nach Geschmack: Zwiebelringe, Schinken oder andere Pizzabeläge, 200 g Reibekäse

Diese Pizza haben schon viele Kindergruppen auf dem Kräuterhof selbst gebacken und fanden dann sogar das Unkraut oben drauf lecker! Ich gebe aber zu, das klappt nur, wenn der Nachwuchs wirklich selbst mitmacht und das Grünzeug nicht vorgesetzt bekommt. Dafür gelingt dieses Rezept sogar in Schulhorten, zu Kindergeburtstagen usw.

Alle Teigzutaten abmessen und gut miteinander verkneten, bis ein geschmeidiger Teig entsteht. Falls alles zu klebrig ist, ein wenig Mehl hinzufügen. Den Teig auf Backpapier dünn ausrollen (ausreichend für ein großes Backblech, ggf. sogar 1 ½) und bei 180 °C im Backofen ca. 15 Minuten vorbacken. Tomatenpüree mit Würzkräutern mischen und abschmecken. Den Teig damit bestreichen. Die gesammelten Kräuter/Wildgemüse gründlich verlesen und waschen. Alles grob schneiden. Zwiebel schälen und in Würfel schneiden. Zwiebel und Kräuter gleichmäßig auf dem Teig verteilen und mit geriebenem Käse bestreuen. Bei 180 °C ungefähr 12 bis 15 Minuten backen.

Sommersuppe ↗ siehe Abb.

½ Tasse Sonnenblumenkerne, 1 große grüne Zucchini (ca. 1 kg), 1 Zwiebel, Öl, 250 ml Gemüsebrühe, 100 g Schmand, Pfeffer, Salz, 2–3 Handvoll Blätter von Melde (auch zartem Giersch, Rotem Mangold, Franzosenkraut, Taubnessel u.a.), 50 g Butter

Diese Suppe ist in wenigen Minuten gemacht und wurde sogar vom recht skeptischen Moderator im Fernsehstudio mit »Hmm, frisch!« gelobt. Voraussetzung ist natürlich immer eine kräftige selbst gekochte Brühe (siehe S. 45).

Sonnenblumenkerne in einer fettfreien Pfanne rösten. Die Zucchini und die Zwiebel schälen und würfeln. Beides im Öl glasig dünsten, mit der Brühe auffüllen, fertig garen und pürieren. Ggf. mit etwas Brühe die Konsistenz der Suppe noch korrigieren, Schmand einrühren, mit Pfeffer und Salz abschmecken. Die Kräuter waschen, grob schneiden und in der heißen, nicht siedenden(!) Suppe für 5 bis 10 Minuten dünsten bzw. ziehen lassen. Anschließend pürieren, dann die Kerne zufügen, damit sie mit dem Pürierstab grob zerhackt werden. Abschmecken und servieren, ohne die Suppe aufzukochen, sonst verlieren die Kräuter Farbe und Geschmack.

Toastförmchen mit Spinat und Tomate ↗ siehe Abb.

1 Zwiebel, Öl, 3 Handvoll Meldeblätter ohne Stiele, 8 Tomaten, 400 g Fetakäse, Pfeffer, Salz, Thymian, 8 Toastscheiben, 3 EL abgestreifte Meldesamen

Zu jedem Abendessen belegte Brote wäre nichts für mich! Viel Arbeit machen dürfen die Extrawünsche aber auch meistens nicht. Versuchen Sie es mal damit!

Backofen auf 180 °C vorheizen. Zwiebel würfeln und in Öl glasig dünsten, gewaschene, tropfnasse Melde zufügen und zusammenfallen lassen, mit Pfeffer, Salz und Thymian kräftig würzen. Tomaten würfeln, unter den Spinat rühren und vom Herd nehmen. Feta zerkrümeln, etwa die Hälfte ebenfalls unter den Spinat heben.

Große Muffinförmchen gut fetten. Toastbrotscheiben mit dem Nudelholz platt rollen, die Muffinformen damit auslegen. Spinatmasse darin verteilen, den restlichen Feta mit den Meldesamen mischen und die Förmchen damit bedecken. Im vorgeheizten Ofen für 12 bis 15 Minuten überbacken.

Grüne Hefeplinsen

20 g frische Hefe,
knapp ½ l Milch,
1 TL Salz, Pfeffer,
gestoßene Koriander-
samen, je 150 g Weizen-
und Buchweizenmehl,
40 g Butter,
1 Tasse Meldeblätter,
1 Knoblauchzehe,
3 Eier, Bratöl

Die Plinsen lassen sich wunderbar vorbereiten und später wie Brötchen aufbacken.

Hefe in etwa 3–4 EL handwarmer Milch anrühren. Restliche Milch mit Gewürzen, Mehl und Hefe verrühren und abgedeckt an einem warmen Ort 30 Minuten gehen lassen.

Eier trennen, Knoblauch pressen oder schneiden, Melde fein wiegen. Eigelb, Butter und Kräuter in den Teig rühren. Eiweiß steif schlagen und unterheben. Fett in einer Pfanne erhitzen und den Teig esslöffelweise zu kleinen Plinsen backen.

Mit Kräuterbutter oder -frischkäse am besten lauwarm zu Salat servieren.

Gefüllter Blumenkohl ↗ siehe Abb.

1 möglichst locker gewachsener Blumenkohlkopf, 3 große Tassen Meldeblätter, 1 Schalotte, ½ Brötchen vom Vortag, frische Gartenkräuter nach Geschmack (Ysop, Gundermann, Majoran, Pimpinelle), 250 g Kalbsgehacktes, 1 Ei, Pfeffer, Salz, Edamer in Scheiben

Besonders, wenn Gäste kommen und am Tisch serviert und aufgeschnitten wird, ist der Augen- schon vor dem Gaumenschmaus für alle sicher. Und soll es vegetarisch sein, verwende ich statt des Fleisches einfach gegarte Linsen.

Blumenkohl von den Blättern befreien und als Ganzes in Salzwasser ca. 8 Minuten vorgaren (er soll noch nicht weich sein), herausheben und gut abtropfen lassen. Meldeblätter kurz blanchieren, grob hacken. Schalotte würfeln und das Brötchen mit ein wenig Blumenkohlwasser übergießen und einweichen lassen. Gartenkräuter fein wiegen. Gehacktes mit der Schalotte, dem ausgedrückten Brötchen, der Melde, den Gartenkräutern und dem Ei verkneten, mit Pfeffer und Salz sehr kräftig abschmecken (der nahezu ungewürzte Blumenkohl nimmt viel Geschmack auf). Blumenkohlzwischenräume komplett mit der Masse füllen, dazu die Röschen vorsichtig auseinanderbiegen. Den Kopf in eine gefettete Auflaufform setzen, mit den Käsescheiben bedecken (ggf. mit Zahnstochern fixieren) und bei 160 °C Umluft für 20 bis 25 Minuten backen.

Käseknödel einmal wild

400 g altbackene Brötchen, 1 Zwiebel, 1 Knoblauchzehe, ca. 300 g Meldeblätter, 200 ml Milch, 300 g geriebener Gouda, 4 Eier, Salz, Pfeffer, Butter, Parmesan

Hausgemachte Klöße oder Knödel sind heutzutage rar – »zu viel Arbeit, zu kompliziert« höre ich immer wieder. Stimmt nicht! Und sie schmecken auch dann, wenn kein Sonntagsbraten dazu serviert wird. Ich mache sie auch mit Giersch- oder Bärlauchblättern.

Brötchen dünn schneiden und in eine Schüssel geben. Zwiebel und Knoblauch schälen und würfeln, glasig dünsten, gewaschene und trocken geschüttelte Blätter ohne Stiele zufügen und ganz kurz mitdünsten. Milch dazugießen, ein wenig aufwärmen, Eier unterquirlen und alles über die Brötchen geben. 10 Minuten ziehen lassen und alles zu einer gleichmäßigen Masse verkneten. Mit nassen Händen gleich große Knödel formen und in ganz leise köchelndem Wasser im offenen Topf ca. 20 Minuten gar ziehen. Zum Servieren mit zerlassener Butter übergießen und mit gehobeltem Parmesan bestreuen.

Sauerklee und Sauerampfer

[Oxalis corniculata, Rumex acetosa]

»Und was ist dieses springende Zeug, das ich sogar im Blumenkasten habe?«
Sauerklee!

Außer der Blattform hat er nichts mit dem Klee zu tun, den wir sonst kennen; er ist »Verwandtschaft« von dieser vierblättrigen Silvesterdekoration, die auch so manchen Garten ziert, und von den Boden bedeckenden Herzblättchen in unseren Nadelwäldern – allesamt essbar. Wie der Name schon sagt, sind die Blättchen sehr sauer, eine wunderbare Alternative zu Sauerampfer.

Und wenn Sie es schaffen, dass die Kinder gelegentlich von der rot- oder grünblättrigen Version naschen, die in unseren Gärten nicht mehr auszurotten ist, wird weniger von den Drops aus der Tüte genascht. Sie kommen ohne einen extra zugefügten Geschmack aus – und Unkraut gepflückt wird so nebenbei auch noch. Die Blättchen sind kandiert übrigens eine Wucht!

Nur nicht zu viel essen, schließlich enthalten sie recht viel Oxalsäure, – und Säure löst Kalk! Leider nicht den, der vielleicht im Kopf rieselt, sondern sie greift den Zahnschmelz an, macht Knochen weich und kann dadurch den Steinreichtum in Galle oder Niere noch vergrößern. Hier wie überall gelten Paracelsus Worte »... allein die Dosis machts, dass ein Ding kein Gift sei.« Gegen eine gelegentliche Mahlzeit ist aber für Gesunde überhaupt nichts einzuwenden. Das gilt natürlich auch für Sauerampfer, der ebenfalls recht viel Oxalsäure enthält – übrigens fast als einziger Ampfer.

Garten. Den Sauerklee in unseren Gärten, Rabatten und sogar Balkonkästen gibt es in einer grünblättrigen und eher aufrechten sowie in einer rotblättrigen und eher kriechenden Version. Er verbreitet sich durch aufspringende Samenhülsen, die die Samen im weiten Umkreis verteilen, mag nahrhaften, offenen Gartenboden und verankert sich dort mit einer fadendünnen, aber sehr zähen Wurzel. Bedeckter Boden (eine dünne Mulchschicht) hindert ihn am Keimen, gezielter Anbau ist dagegen schwierig.

Bei Sauerampfer kann ich das Anpflanzen dagegen sehr empfehlen. In guten Staudengärtnereien werden französische Züchtungen gehandelt, die gleich mehrere Vorzüge haben. Sie sind deutlich großblättriger und damit ertragreicher, sie enthalten weniger Oxalsäure, sind dadurch bekömmlicher und können öfter genossen werden, und sie blühen um einiges später, bieten also eine deutlich längere Erntezeit.

Küchentipps. Wie man das von Rhabarber kennt, der traditionell mit Vanillesoße serviert wird, kann ein Zuviel an Oxalsäure gebunden werden durch das Zubereiten oder Servieren mit Milchprodukten, die genügend Kalzium bieten, das dem Körper dann nicht geraubt wird.

Wichtig für das Zubereiten ist, dass weder Sauerklee noch Sauerampfer wirklich Hitze aushalten, also nicht gut durchgekocht werden dürfen – anders, als ich es leider schon in manchem Sauerampfersuppenrezept lesen konnte! Man fügt sie immer im letzten Moment zu, wenn die Speise nicht mehr kocht. Auch ein Aufwärmen würde Geschmack und Farbe verderben.

VERWECHSLUNGSGEFAHR

Sauerampferblätter könnten mit denen anderer Ampferarten verwechselt werden, die zum Teil recht bitter schmecken, aber alle ungiftig sind. Auch mit Wiesenknöterichblättern könnten Verwechslungen auftreten, die aber keine »Schwalbenschwänzchen« haben, nicht sauer schmecken und als Blattgemüse verwendet werden können.

Problematisch wäre eine Verwechslung mit jungen Aronstabblättern, die ebenfalls die typischen »Schwalbenschwänzchen« haben, aber giftig sind. Sie werden deutlich größer als Sauerampferblätter, kommen aber nicht wie dieser auf Wiesen, sondern immer nur im Wald vor. Auf der Blattoberseite sind sie ausgeprägt geädert, während beim Sauerampfer nur die Mittelrippe deutlich zu erkennen ist. Außerdem sehen sie speckig glatt aus und fühlen sich fast wie Gummi an.

Hackbällchen in Sauerklee-Weinsoße

↗ siehe Abb.

Hackbällchen:
300 g Hackfleisch,
½ Brötchen vom Vortag, eingeweicht und ausgedrückt,
1 Ei, 2 Tassen gehackte Vogelmiere oder Meldeblätter,
wenig Pimpinelle oder andere Würzkräuter,
1 fein gehackte Zwiebel,
Salz, Pfeffer

Soße:
2 EL Butter, 2 EL Mehl,
100 ml Weißwein,
400 ml Fleischbrühe,
50 ml Sahne,
½ Tasse Sauerkleeblättchen

Natürlich macht sich Sauerklee ebenso gut in der Soße für ein Frikassee oder für »verlorene Eier« wie hier mit Hackbällchen. Das nehmen wir in der Küche immer, wie es gerade kommt.

Für die Soße eine helle Mehlschwitze zubereiten. Dazu die Butter schmelzen, das Mehl einrühren und etwas aufwallen lassen, Weißwein schluckweise zufügen, jeweils gut glatt rühren und das Mehl wieder ausquellen lassen, mit der Fleischbrühe ebenso weitermachen, bis die richtige Soßenkonsistenz erreicht ist.
Die Hackbällchenmasse aus allen Zutaten herstellen und kräftig würzen. Mit einem kleinen Löffel Klöpschen abstechen und in der Soße auf ganz kleiner Flamme ca. 20 Minuten gar ziehen lassen. Vom Herd nehmen, abschmecken und die abgezupften oder grob geschnittenen Sauerkleeblättchen einrühren. Mit Kartoffeln oder Reis servieren.

Käsetrüffel

Ziegenfrischkäse,
Sauerkleeblattherzen,
Schnittlauchblüten, ausgezupft (Menge und weitere Zutaten nach Belieben und Bedarf)

Mit verschiedenen Hüllen bekommt würziger Ziegenfrischkäse erst den richtigen Pfiff. Wer aber keinen Ziegenkäse mag, kann Mascarpone über Nacht abtropfen lassen, kräftig würzen und genauso weiter verwenden.

Ziegenfrischkäse eventuell noch in ein Sieb geben und Wasser ablaufen lassen. Die Blätter, Blüten und Kräuter einzeln jeweils in eine Müslischale geben. Mit dem Teelöffel walnussgroße Nocken vom Käse abstechen und vorsichtig zu Kugeln formen. Die Kugeln jeweils einzeln zu den Blättern oder Blüten geben und die Schüssel kräftig hin- und herbewegen, so dass die darin rollende Kugel von allen Seiten damit »beklebt« wird.

Kalte Gurkensuppe

400 g Gurke,
1 Tasse Sauerklee
oder Sauerampfer,
2 Knoblauchzehen,
500 g Joghurt (3,5 %),
3 EL Olivenöl, 100 g Sonnenblumenkerne, Pfeffer,
Salz, Mineralwasser

Eigentlich war das Rezept der Versuch, die reichliche Gurkenernte zu verarbeiten, die uns eine einzige Pflanze während unserer Urlaubsabwesenheit bescherte. Aber für eine »Verlegenheitslösung« war sie von Anfang an viel zu gut!

Gurken pürieren, Sauerklee/-ampfer mitpürieren, Knoblauch dazu pressen, mit Joghurt und Öl verrühren, Kerne zugeben und so viel eiskaltes Mineralwasser hinzufügen, bis eine glatte sämige Suppe entstanden ist.

Schichtkäse

↗ siehe Abb.

1 große Handvoll Sauerampferblätter, 300 g Frischkäse natur, Salz, Pfeffer, Sofortgelatine nach Bedarf, 300 g Edamer in Scheiben

Ob im Frühling voller Bärlauchgeschmack oder wie hier sommerlich sauer – Schichtkäse fehlt auf fast keiner unserer Käseplatten. Eine simple Idee, schnell gemacht, aber wirklich ein Hingucker, dieser herzhafte »Kalte Hund«.

Die Blätter waschen und auf einem Küchentuch sehr trocken tupfen, anschließend fein schneiden oder grob geschnitten mit dem Frischkäse pürieren und so eine kräftig grüne Masse herstellen, abschmecken und etwas Sofortgelatine unterrühren. Die Masse dann zügig weiterverarbeiten, bevor die Gelatine komplett ausquillt. Eine Kastenform mit Backpapier auslegen und Edamer im Wechsel mit der Frischkäsemasse einschichten. Dabei mit dem Edamer beginnen und enden. Vor dem Servieren einige Stunden kalt stellen, schließlich aufschneiden wie Kalten Hund.

Kandierte Sauerkleeblätter

1 Eiweiß, 2 EL Puderzucker, reichlich mittelgroße Sauerkleeblätter, Backpapier

Das klingt mühsam, ist aber gar nicht so viel Arbeit und schmeckt göttlich! Die zarten Kreationen sind in der Regel ein »Garantiefall« – sie »halten« einfach nicht lange …

Das Eiweiß zu einem cremigen, nicht zu steifen Eischnee schlagen, portionsweise mit dem gesiebten Puderzucker zu einer Glasurmasse verrühren. Die Blättchen von beiden Seiten mit der Glasur bepinseln, dazu am besten einen sauberen Zeichen- und keinen Backpinsel verwenden. Auf dem gefetteten Backpapier über Nacht trocknen lassen. Wenn sie spröde brechen, sind sie trocken und müssen vorsichtig vom Papier gelöst werden. Luftdicht verpackt könnten sie bis zu einem halben Jahr halten, um Desserts und vieles andere zu verzieren – oder um eben einfach vernascht zu werden.

TAUBNESSEL

[Lamium album]

Die Taubnessel hat mir in Kindertagen bereits zur Bezeichnung »Kräuterhexe« verholfen. Damals gab es »Korbine Früchtchen«.

Die kleine Tomate mit weißem Kopftuch und grüner Schürze war eine Figur in einer DDR-Kinderzeitschrift (»FRÖSI«) und motivierte alle, Heilkräuter zu sammeln, zu trocknen und abzuliefern. Bei mir hatte sie Erfolg – nicht nur mit der Aussicht auf selbst verdientes Taschengeld, sondern auch, weil ich dafür alleine stromern gehen durfte.

Die Ernteerfolge bei Huflattich und Lindenblüten motivierten durchaus. Als ich aber begann, Taubnesselblüten zu zupfen, reichte die Geduld doch noch nicht. So zog ich es vor, ganze Taubnesseln zu ernten, stellte den vollen Korb meiner Oma auf die Hollywoodschaukel – sie saß da sowieso ohne Beschäftigung. Als sie dann eine halbe Stunde lang für mich die Blüten gezupft hatte, meinte sie: »Du bist eine richtige Kräuterhexe!« Sie wird es schon gewusst haben. Heute weiß *ich*, dass man in der Küche nicht nur die ausgezupften weißen Blüten, sondern die ganze grüne Pflanze braucht!

Garten. In recht vielen Gärten verbreitet ist die kleine rosa blühende *Purpurrote Taubnessel*; die geschmacklich interessantere *Weiße Taubnessel* lässt sich aber ohne Probleme durch ein Stück Wurzelstock am Gehölzrand oder auf einem Stück Wildblumenwiese ansiedeln. Andere Arten und inzwischen sogar einige Zuchtsorten bieten uns weitere Blüten- und Blattfarben, deren kulinarischen Wert es zu prüfen lohnt.

Taubnesseln locken und ernähren übrigens besonders Hummeln, die dann auch gleich andere Blüten – z. B. unserer Obstbäume – mit anfliegen, und das schon bei Temperaturen um die 10 °C, wenn Bienen noch gar nicht unterwegs sind.

Küchentipps. Alle Taubnesselarten sind essbar, leider schmecken aber nicht alle gleich gut. Geschmacklich am mildesten ist die allen gut bekannte Weiße Taubnessel, am wenigsten mag ich die von selbst durch den Garten vagabundierende Purpurrote Taubnessel. Aber Geschmack ist bekanntlich Geschmackssache. Sie sollten es einfach versuchen – vielleicht nicht gleich roh, sondern z. B. im Frischkäse. Erst durch die Kombination von Fett und Feuchtigkeit verschwindet die erdige Note und der Geschmack wird rund, außerdem stört die haarige Struktur der Blätter nicht mehr.

VERWECHSLUNGSGEFAHR

Verwechslungen könnte es höchstens zur Blütezeit mit Gundermann oder Kriechendem Günsel geben, die beide ebenfalls verwertbar sind. Die versehentliche Verwechslung mit Brennnessel wird man spüren! (Aus Angst, sich das Maul zu verbrennen, meiden übrigens oft auch Weidetiere vorsichtshalber Taubnesseln.)

Taubnesseln in Bierteig

↗ siehe Abb.

2 Eier, 4 EL Vollkornmehl, 100 ml Schwarzbier, Pfeffer, Salz, Öl zum Ausbacken, ca. 15 komplette Weiße Taubnesselstängel (am besten zur Blütezeit)

Taubnesseln haben im Gegensatz zu Brennnesseln saftige Stiele, die gegart problemlos mitgegessen werden können. Die skurrilen Teiggebilde, die durch das Ausbacken entstehen, sind eine prima Beilage für den nächsten Grillabend. Dazu bereite ich sie schon vor, frittiere sie aber nur »blassblond«, bevor sie auf dem Grill noch einmal aufgebrutzelt werden.

Die Eier trennen. Aus Mehl, Bier und Eigelb einen Teig rühren und mit Pfeffer würzen, 30 Minuten ausquellen lassen. Das Eiweiß mit etwas Salz steif schlagen und unterheben. Der Teig muss relativ dünnflüssig sein.
Die Taubnesseln ggf. von Ameisen befreien, waschen und gut trocknen. In den Teig tauchen und im heißen Öl goldgelb ausbacken. (Ob das Öl heiß genug ist, prüft man mit dem Stiel eines Holzlöffels. Ins Öl halten, wenn Bläschen am Holz aufsteigen, ist es heiß genug.) Die ausgebackenen Taubnesseln sind eine wunderbare Beilage z.B. zu Grillgerichten und können mit weißem Salatdressing gegessen werden.
Mit Joghurtdressing servieren.

Taubnesselauflauf

2 Fleischtomaten, 400 g gekochte Kartoffeln, 100 g Taubnesselblätter, 100 g Brennnesselblätter, Öl, 200 g Champignons, 250 g Schafskäse, 1 Bund Schnittlauch, 400 g saure Sahne, 4 Eier, 100 g zimmerwarme Butter, Pfeffer, Salz

Aufläufe sind eine prima Möglichkeit, den vorhandenen Kühlschrankbestand und die Gartenernte ohne großen Kochaufwand zusammenzubringen. Dafür gibt es bei uns eigentlich keine Rezepte, es wird überbacken, was da ist. Betrachten Sie diese Zusammenstellung auch nur als Anregung und schauen Sie sich in Ihrem Garten um!

Die Tomaten häuten, Kartoffeln schneiden. Die Blätter und die Champignons einzeln jeweils 2 bis 3 Minuten in Öl anschwitzen und mit den Kartoffeln in eine Auflaufform geben. Tomaten und Käse würfeln, Schnittlauch schneiden, hinzufügen und unterheben.
Sahne, Eier, Butter gut miteinander verquirlen, kräftig mit Salz und Pfeffer würzen und über die Masse geben. Bei 175 °C etwa 20 bis 25 Minuten backen.

Taubnesselknöpfle

500 g mehlig kochende Kartoffeln, Salz, 1 Eigelb, 100 g gehackte Taubnesselblätter, 1 EL Oregano, 125 g Mehl

Wie bei vielen grünen Rezepten können die Taubnesseln ebenso gut durch Giersch, Franzosenkraut oder Melde ersetzt werden. Aber egal in welcher Kombination, die Knöpfle sind eine tolle Beilage zu Wildgerichten!

Kartoffeln schälen, in Salzwasser gerade eben gar kochen, ausdampfen lassen und durch die Kartoffelpresse drücken. Mit Eigelb und Kräutern vermengen, nach und nach mit Mehl zu einem klebrigen Teig rühren, ausgiebig zu einem glatten Teig kneten, evtl. mit wenig mehr Mehl. Den Teig stückchenweise zu Rollen mit ca. 2 cm Durchmesser formen, diese wiederum in 2 cm dicke Scheiben schneiden und mit einer Gabel leicht flach drücken. Im Salzwasser kurz garen und abschöpfen. Sofort servieren oder vor dem Servieren kurz in brauner Butter schwenken.

Vogelmiere

[Stellaria media]

»Das Grünzeug wollen Sie essen? Das heißt bei uns Hühnerdarm und der Garten ist voll davon!« Wahrscheinlich waren Sie einfach im Winter nicht jäten!

Richtig gehört, Vogelmiere wächst bereits wunderbar bei Temperaturen um 5 °C und geht schon, wenn es nur wenig wärmer wird, zum Blühen und Aussamen über. Einerseits ist das lästig, andererseits kann uns das prächtige Winterwachstum gerade in der vitaminarmen Zeit zu guter Gartenernte verhelfen – und das ohne weiteres Zutun bei entsprechendem Wetter. Schließlich schafft es *ein* Pflänzchen mit seiner einzigen fadendünnen, aber beeindruckend stabilen Wurzel, ungefähr ein Viertel eines Quadratmeters ganz allein zu begrünen. Also ran an die Ernte, bevor mit steigenden Temperaturen die Blätter spillrig und die Samen hart werden.

Meine Gäste kosten im Garten – anfangs skeptisch (denn »das Zeug bekommt sonst der Wellensittich«), bis sie schließlich erstaunt feststellen: Das schmeckt wie zarte Maiskölbchen!

Garten. Um sich der Vogelmiere in den Beeten zu erwehren, wenn man sie nicht wachsen lassen und aufessen möchte, sollte man die Beete mulchen, d. h. mit einer dünnen Schicht Rasenschnitt bedecken: Die Vogelmiere als typisches Ackerunkraut keimt nur im offenen, bearbeiteten Boden.

Küchentipp. Der zähe »Faden« in den Stängeln kann beim Zubereiten und Essen stören. Man sollte also entweder so ernten, dass er gleich an der Pflanze zurückbleibt und man nur die saftigen Triebspitzen abzieht, oder die verlesene Ernte wird vor dem Weiterverarbeiten mit der Küchenschere klein geschnitten – übrigens auch vor dem Pürieren, sonst muss man später die Motorwelle des Gerätes wieder »entfitzen«.

VERWECHSLUNGSGEFAHR

Auch der sehr ähnlich aussehende, giftige Ackergauchheil ist als Unkraut in unseren Gärten zu Hause. Er mag es nicht ganz so kühl, seine meist ziegelroten, selten blau-violetten Blüten tauchen erst viel später im Jahr auf, die Blattunterseiten sind schwarz gepunktet und der Stängel hat einen vierkantigen Querschnitt ohne zähen Faden, nicht rund wie der Stängel der Vogelmiere. Genaues Hinschauen sollte also Verwechslungen ausschließen.

Ebenso verbreitet wie die Vogelmiere, aber ungiftig (wenn auch kulinarisch unbrauchbar) ist der Fadenehrenpreis. Die Vogelmiere identifiziert man sicher an ihren spitz zulaufenden, eiförmigen Blättchen – die des Ehrenpreis sind gebuchtet.

Quiche

Teig:
250 g Mehl, 100 g kalte Butter in Flocken, 1 Ei, 3 EL kaltes Wasser, Salz, Pfeffer

Belag:
1 Schalotte oder 3 große Röhren vom Zwiebelgrün, 300 g Möhren, 20 g Butter, 2 Handvoll Vogelmieretriebspitzen, Würzkräuter (Echte Pimpinelle und Petersilie), 150 g Crème fraîche, 100 ml Milch, 4 Eier, 150 g geriebener Hartkäse, Pfeffer, Salz

Herzhafte Torten sind hierzulande leider nicht sehr verbreitet, obwohl sie schnell gemacht, sehr flexibel und sogar ein prima »Essen für unterwegs« sind. Die Möhren-Vogelmiere-Version ist nur eine Möglichkeit, aber eine sehr leckere.

Alle Teigzutaten erst mit dem Rührgerät zu kleinen Krümeln vermischen, dann schnell mit den Händen zu einem glatten Teig kneten, in Folie wickeln und für 20 Minuten kalt stellen.
Schalotte würfeln, Möhren in dünne Scheiben schneiden und beides in der Butter anschwitzen (Zwiebelgrün wird am Schluss nur kurz zu den Möhren gegeben). Etwas abkühlen lassen und noch warm mit den Vogelmierespitzen vermischen. Würzkräuter fein wiegen und mit Crème fraîche, Milch, Eiern und Käse verquirlen und mit Pfeffer und Salz abschmecken, Gemüse unterheben. Backofen vorheizen, Backform fetten, Teig ausrollen und in die Form legen. Gemüsemasse einfüllen und die Quiche auf einer unteren Schiene bei 180 °C Umluft etwa 35 Minuten backen.

Buchweizen-Vogelmiere-Salat

300 g Buchweizen, 2 Mangoldblätter und Blattstiele, 1 Tasse Vogelmieretriebspitzen, 5 Kapuzinerkresseblätter, 1 Tasse Brombeeren, einige Monardenblättchen, 1 EL milder Senf, Saft einer Zitrone, 4 cl Brombeersaft, Pfeffer, Salz, 200 ml Öl, 100 g Hartkäse im Stück

Wenn zur Brombeerzeit der Urlaub um ist und der Garten jede Menge Vogelmiere bietet, wird daraus ein leckerer Spätsommersalat, den ich in manchem Jahr sogar noch mit Buchweizenblättern und Blüten bereichern kann.

Buchweizen in Salzwasser gar kochen, abseihen und abkühlen lassen. Inzwischen Mangoldstiele fein und Mangold- und Kresseblätter etwas gröber schneiden. Vogelmierespitzen verlesen und ggf. schneiden. Buchweizen, Mangold, Kapuzinerkresse, Vogelmiere und Brombeeren mischen. Monarde ganz fein wiegen und zugeben.
Senf, Zitronensaft und Brombeersaft verrühren, pfeffern und salzen, anschließend unter kräftigem Rühren (mit dem elektrischen Rührgerät) langsam das Öl einlaufen lassen, bis ein sämiges Dressing entsteht. Den Salat damit marinieren und anrichten, Hartkäse grob darüber hobeln.

Grüner Camembert ↗ siehe Abb.

1 Camembert,
1 EL Schmand, 1 Tasse Vogelmierespitzen, Grün von 2 Zwiebeln oder 1 Frühlingszwiebel grob geschnitten, einige Tropfen Zitronensaft, etwas weißer Pfeffer

Käseplatten sind bei unserer mit den Jahren (und Skandalen) immer vegetarischer werdenden Kost sehr beliebt. Hier eine Variante, die den Geldbeutel wirklich schont und von unseren Gästen immer gelobt wird, auch wenn das enthaltene Grün variiert. Sehr gut wird der Camembert auch mit Beinwell- oder Kapuzinerkresseblättern. Man sollte nur nicht zu viel Schmand und Zitronensaft erwischen, damit der Käse beim Anschneiden später nicht ausläuft.

Camembert auf Zimmertemperatur bringen. Auf der Käseoberseite einen »Deckel« abschneiden, abheben und den Camembert aushöhlen. Dazu die gesamte weiche Käsemasse vorsichtig mit einem Kaffeelöffel herauskratzen und in einen Becher füllen. Restliche Zutaten zufügen und alles pürieren, so dass eine glatte grüne Käsemasse entsteht, die zum Servieren wieder in die Käserinde gefüllt wird.

Dufternte und Blütengemüse

Stauden und Sommerblumen zum Aufessen

Manchmal fühlt man sich auch als Kräuterhexe wie ein Zauberlehrling und kann heftig erschrecken über die Geister, die man rief.

Eine Freundin war mit ihrem damals knapp dreijährigen Sohn bei uns zu Gast. Zum Abendessen sollte es Gartensalat mit Gänseblümchen geben und der Knirps half fleißig beim Pflücken, rührte aber nichts an von dem Salat. Anderntags habe ich von den vier Blümchen, die er zum Essen beisteuern wollte, direkt genascht, seiner Mutter eines abgegeben und ihn so überzeugt, es selbst zu probieren. Der Anfang war gemacht, nun streifte Jan selbstständig durch den Garten und kostete Blumen! Als er mich dann mit Phloxblüten versorgte und verkündete: »Die schmecken prima«, stand mein Herz fast still. Es folgte ein Vortrag über Essbares und Giftiges, Bekanntes und Unbekanntes – und die damals noch recht mühsame Recherche nach kulinarischen Qualitäten von Phlox und anderen Gartenblumen. Siehe da: Phlox ist essbar und schmeckt prima. So brachte mich dieser Besuch bzw. der kleine unerschrockene Knirps unversehens von meinen geliebten Wildkräutern zurück in den Garten, auf ein im wahrsten Sinne des Wortes völlig anderes Feld: zu essbaren Stauden.

Auf die Frage an meine Gäste, warum sie bisher keine Blüten gegessen haben, gibt es viele Antworten:

»Ich habe keine Ahnung von Pflanzen.« – Ja, aber Gänseblümchen verwechselt doch niemand!

»Es ist doch zu schade, die zum Essen zu pflücken.« – Aber eine Taglilie ist morgen sowieso schon wieder verblüht! Und wenn Sie Wicken oder Ringelblumen nicht regelmäßig abpflücken, dann setzen sie Samen an und blühen bald nicht mehr!

»Ich habe keine Rezepte dazu.« Aber Ihre eigenen Rezepte sind doch die besten – vor allem zum Ausprobieren! Es ist egal, ob sich Schnittlauchröllchen oder -blümchen im Rührei wiederfinden.

»Meine Familie würde das nicht essen.« Aber von manchen Sachen müssen die doch erstmal gar nichts wissen! Die duftenden Blüten fischen Sie sowieso vor dem Aufschlagen aus der Sahne. Und sogar Dahlienblütenblätter fallen niemandem negativ im Auflauf auf, wenn der Rest davon Ihr Hausrezept ist.

Kurz gesagt heißt das: Nur Mut! Natürlich muss vorher klar sein, was essbar ist. Dieses

Wissen sollte man dann aber auch nutzen. Es ist viel einfacher, als Sie glauben!

Schon in früheren Jahrhunderten – bei mittelalterlichen Banketten und auf römischen Festtafeln – waren Farben und Düfte »in«. Als synthetische Düfte und künstliche Lebensmittelfarben noch nicht erfunden waren, nahm man sich Gerüche und Farben aus der Natur, aus dem Garten. Schade, dass sich heute so viele Menschen »an der Nase herumführen« lassen!

»Man weiß gar nicht, wo man das pflücken soll – so ohne Garten.« Ganz einfach: Fliederstrauch, Jasmin und Lindenbäume gibt es auch im Stadtpark, abseits der Straße, und selbst eine Gänseblümchenwiese in der Stadt kann keine überdüngte Hundewiese sein. Dort gäbe es viel Löwenzahn, Gänseblümchen würden sich rar machen.

»Keine Ahnung, ob ich essbare Blüten irgendwo kaufen kann.« Jedenfalls niemals im Blumenladen! Die sind eigentlich immer irgendwie behandelt und keinesfalls Nahrungsmittel! Aber wie wäre es mit Nachbars Garten? Fragen Sie doch einfach mal! Es muss ja nicht die schönste Duftrose sein. Eine einzige Pfingstrose reicht für die Buttercreme oder Schlagsahne einer ganzen Erdbeertorte! Davon kann der Nachbar ja dann auch ein Stück bekommen ...

Während einige Gartenblüten in unserer Küche eher als Gewürz auftauchen, z. B. Schnittlauch, taugen andere wie Borretsch oder Ringelblumenblütenblätter eher nur als Dekoration, sie schmecken und riechen kaum. Viel interessanter ist da schon die große Gruppe der »Gemüseblüten«, die als Salat (Dahlie), im Auflauf (Jasmintrompete), gefüllt (Taglilie) und gebacken (Nachtkerze) oder sogar in Eintopf und Buttergemüse (Löwenzahn) den Speisezettel erweitern. Sie lassen sich fast genauso verarbeiten wie anderes Gemüse auch. Nur sind sie meist zarter und damit sehr schnell gar, sie vertragen kaum Hitze.

Meine Favoriten sind die vielen unvergleichlichen Blütendüfte von Flieder, Nelken und Jasmin, die die recht teure echte Vanille und vor allem synthetische Aromen ersetzen. Sie machen bei uns Frühstücksjoghurt und Quarkspeise, Kuchen und Torten, Bowle, Berliner Weiße und Sekt, aber auch vieles andere zu einem unvergleichlichen Geschmackserlebnis, völlig ohne künstliche Zusätze.

Die von mir vorgeschlagenen Rezepte für Nelken, Phlox und Pfingstrosen lassen sich (oft sogar 1 : 1) auf viele andere duftende Köstlichkeiten wie Märzveilchen, Flieder, Duftrosen, aber auch Linden- und Robinienblüten übertragen. Sehr blumige Düfte wie Rosen oder Jasmin sollte man beim Zubereiten mit kühlen oder herben Noten kombinieren – Probieren bringt da Erstaunliches zutage! Dabei hat jeder Monat seinen Duft und jeder Duft seine Partner; oft passen nämlich Obstsorten oder sogar Würzkräuter, die zur gleichen Zeit geerntet werden, wunderbar zu den Blüten. Sehr gern kombiniere ich z. B. Flieder mit Rhabarber, Lavendel mit Sauerkirschen, Rosen mit Minze und Phlox mit Brombeeren, aber auch Pfingstrosen und Salbei oder falschen Jasmin und Oregano.

Es ist jedenfalls nicht schwierig, Duft im Essen einzufangen. Ätherische Öle lösen sich in Fett, Zucker, Säure und Alkohol, all diese Substanzen halten den Duft im Essen fest und lassen ihn erst auf der Zunge wieder frei werden. Wasser, auch Regen und Waschwasser, dagegen löst ihn auf! Die ätherischen Öle »verduften« – also achten Sie bitte immer auf schonende Verarbeitung!

DAHLIE

[Dahlia spez.]

Tja, Dahlien. Ich kann es kaum erwarten, die roten Sterne und die gelben Pompons wieder zu ernten. Zunächst müssen wir es aber schaffen, sie so groß zu päppeln, dass mehr dran ist als die Schnecken in einer Nacht wieder wegfressen können!

Und das – weil wir ja selbst davon essen wollen – möglichst ohne Schneckenkorn. Der Igel ist dabei jedenfalls keine große Hilfe. Jetzt wird es interessant: »Wie machen Sie das denn?« Das wollen Sie gar nicht wissen, jedenfalls nicht genau. Ich behalte die Wahl der Waffen für die Kriegsführung an dieser Stelle für mich. Aber ich gebe zu, ich sehe in den gefräßigen Schleimern eher Feinde und habe inzwischen ein ganzes Arsenal gegen sie erprobt. Als wichtigste Waffe dabei hat sich übrigens die Taschenlampe erwiesen, denn dieses lichtscheue Gesindel traut sich ja immer erst heraus, wenn die Gefahr nicht mehr allzu groß ist, von mir mit bloßem Auge entdeckt zu werden!

Dahlienblütenblätter kann man von jeder Sorte nutzen, von Bällen oder Sternen, gefüllt oder ungefüllt, von allen Farben – solange sie unbehandelt sind. Sie sind knackig, saftig, einem Salatblatt vergleichbar und werden auch so verwendet. Das Schöne ist, dass jede Farbe anders schmeckt, und so ist es spannend, im Zinnoberrot einer Idee von Möhre wiederzubegegnen, bei Karminrot an Rote Beete ohne die erdige Note zu denken und bei gelben Blüten festzustellen, dass Zitronen nicht nur sauer schmecken, sondern offenbar auch gelb, denn sie haben mit diesen Dahlien Gemeinsamkeiten.

Die Dahlie stammt aus Mexiko, wurde schon von den Azteken angepflanzt und auch züchterisch bearbeitet. Als die Pflanze Ende des 18. Jahrhunderts nach Europa kam, erhielt sie ihren Namen nach dem schwedischen Botaniker Andreas Dahl und verbreitete sich rasch in den Gärten. Heutige Zuchtsorten sind in der Regel Hybriden, das heißt, sie entstammen der Kreuzung zweier verschiedener Wildarten. Früher waren Dahlien unter ihrem deutschen Namen »Georginen« bekannt.

Garten. Leider machen Dahlien einige Mühe, denn sie müssen vor dem ersten Frost ausgegraben werden. Die Knollen werden von Kraut und Erde befreit und eingelagert. Dafür eignet sich am besten ein Keller, wie es ihn leider heute immer seltener gibt: Gut belüftet, aber nicht zu trocken, frostsicher mit 4 bis 8 °C, aber nicht zu warm.

Ins Freiland werden Dahlien erst wieder nach den Eisheiligen im Mai gepflanzt. Um aber die kurze Blütezeit bis zum Herbst ein wenig zu verlängern, sollte man sie zumindest vor dem Einpflanzen über Nacht in warmem Wasser etwas vorquellen lassen. Wenn die Räumlichkeiten es erlauben, ist es sogar gut, Dahlien in Kübeln etwa vier Wochen vorzutreiben. Das geht aber nur, wenn ein mäßig warmer und vor allem sehr heller Platz dafür zur Verfügung steht, sonst schießen die zarten Triebe allzu leicht und brechen dann beim Einpflanzen wie Glas.

Küchentipps. Zum Verarbeiten müssen Dahlien sorgfältig ausgezupft werden, denn die kleinen wachsartigen Trennhäutchen am Blütenboden würden beim Essen stören. Und was wirklich ungenießbar ist, ist der Ohrenkneifer, der gern drin »wohnt«!

Die Blütenblätter eignen sich prima für alle Arten von Salaten, aber auch in Füllungen, Aufstrichen usw. Sie sollten nicht zu viel Hitze bekommen, lassen sich aber z.B. grob geschnitten auch ins Rührei heben, kurz bevor es endgültig stockt.

Auch bei Dahlien gilt: Je mehr Sie pflücken, desto reicher blühen die Stauden. Also betrachten Sie die großen bunten Blütenköpfe zukünftig einfach als Salatgemüse, vor allem wenn die Stiele das Blütengewicht nicht mehr tragen konnten und darüber schon ganz »geknickt« sind.

Käserolle ↗ siehe Abb.

250 g junger Gouda, 300 g Frischkäse, 2–3 Tassen Blüten, Knospen und Gemüse je nach Vorhandenem und Saison (verlesen und grob geschnitten; z.B. Dahlienblütenblätter, Nachtkerzenknospen, Mangoldstiele, fein geschnitten, gelbe Zucchini, fein gestiftelt, Blätter von Mangold, Giersch, Melde) Pfeffer, Salz, evtl. etwas Sofortgelatine

Gerade mit »langweiligem« Käse ohne viel eigenen Charakter lässt sich wunderbar probieren und kombinieren. Zu meinen zahlreichen Rezepten gehören auch Käserollen, in denen je nach Saison und Gartenangebot alles Mögliche als Füllung landet. Schmeckt jedes Mal anders und wird nie langweilig! Man muss nur den Käse langsam schmelzen lassen und vorsichtig zu Werke gehen. Bei zu viel Hitze verliert er sein Fett, übrig bleiben würde »Gummi«.

Den Gouda in eine hitzefeste Plastiktüte packen, verschließen und in etwas mehr als handwarmem (nicht kochendem!) Wasser mindestens 30 Minuten ziehen lassen. Inzwischen für die Füllung den Frischkäse und die geschnittenen Blüten-/Gemüsezutaten mischen und abschmecken. Die Masse muss recht stramm sein und sich schwer rühren lassen, damit die Rolle später schnittfest ist, ggf. kann man noch mit etwas Sofortgelatine nachhelfen.
Den Käse auf Backpapier ausgießen, mit dem Nudelholz sofort zu einem gleichmäßigen Viereck ausrollen und leicht abkühlen lassen. Gleichmäßig mit der Füllung bestreichen, aufrollen und kalt stellen.

Dahliensalat mit Aprikosen

Salat:
1 Kopfsalat, 6–8 Dahlienblüten, 6 Aprikosen, ½ Tasse Sonnenblumenkerne, etwas Öl, 400 g Putenfilet, Salz, Pfeffer, Rosenpaprika

Dressing:
5 Aprikosen, 100 ml Apfelsaft, 50 ml trockener Weißwein, 2 EL heller Balsamico, Salz, Pfeffer, 1 Msp. Zimt, 1 Msp. Rosenpaprika, 6 EL Sonnenblumenöl

Da mein Mann diese süß-herzhaften Rezepte ohnehin nicht zu seinen Favoriten erklärt hat, brate ich mir zu diesem Salat auch gern gewürzten Grillkäse statt Putenfilet.

Salat waschen, verlesen und zerzupfen, Dahlienblüten auszupfen, Aprikosen entkernen und würfeln, alles miteinander mischen.
Für das Dressing die Aprikosen entkernen und zerschneiden, mit Apfelsaft und Weißwein in einen Topf geben, aufkochen und für einige Minuten köcheln und dann abkühlen lassen. Anschließend pürieren, Essig zufügen und mit den Gewürzen kräftig abschmecken. Dann bei laufendem Pürierstab das Öl langsam einlaufen lassen, damit sich alles verbindet. Den Salat damit marinieren.
Sonnenblumenkerne in einer fettfreien Pfanne rösten, über den Salat geben.
Putenfilets in Streifen schneiden, im heißen Öl kurz und kräftig anbraten, damit sie saftig bleiben, anschließend würzen und auf dem Salat anrichten.

Fette Henne

[Sedum spectabile und telephium]

Meine Gäste können es kaum glauben: »Das Blatt soll ich essen? Aber das ist doch Fette Henne! Die habe ich auch im Garten. Auf den Gedanken wäre ich nie gekommen!«

Und dann ein vorsichtiger Biss ins Blatt und ich schaue schon wieder in erstaunte Gesichter. Wir stellen gemeinsam fest, das schmeckt wie eine Mischung aus Gurke und Sauerampfer – saftig, knackig, säuerlich. »Das ist toll!«

Die Fette Henne fehlt in fast keinem Vorgarten, sie ist robust, trockenheitsresistent und relativ schneckenfraßsicher – eine ideale Bauernstaude also. Und nun auch noch essbar!

Allerdings ist ja nicht alles »Grünzeug« nur gesund. Die Fette-Henne-Blätter werden im Laufe des Sommers immer reicher an Oxalsäure, die wir aus Sauerampfer und Rhabarber kennen. Wie schon beim Sauerampfer beschrieben (s. S. 68): Am besten sollten Sie also Fette Henne mit Milchprodukten kombinieren und zur Blütezeit nicht mehr ernten.

Die ganze Familie umfasst mehrere hundert verschiedene Arten, von denen auch andere genutzt werden. Sedum reflexum ist legendär, hierzulande weit verbreitet, z.B. traditionelle Zutat der Hamburger Aalsuppe und wird auch in der französischen Küche gern genutzt. Andere Arten wurden und werden auf Mauerkronen und Gründächer gepflanzt, was in früheren Jahrhunderten als Schutz vor Blitzschlag galt. Außerdem nutzte man Fette Hennen in der Volksmedizin jahrhundertelang gegen Brandwunden, Warzen und Hühneraugen.

Garten. In fast allen Gärten ist die sogenannte Pracht-Fetthenne zu finden, die zu den pflegeleichtesten Gartenstauden überhaupt gehört. Sie setzt als Spätblüher einen zauberhaften Akzent im Herbstgarten, und werden die Blüten nicht geschnitten, zieren sie den Garten auch den gesamten Winter hindurch. Allerdings sind diese Blüten auch als robuste Schnittblumen beliebt, die sogar in Trockensträußen überdauern. In den letzten Jahren werden außerdem Züchtungen mit roten bis tief weinroten Blättern angeboten, die ebenso üppig blühen. Für die Entfaltung der vollen Farbenpracht ihrer Blätter allerdings brauchen sie wirklich einen sehr sonnigen Standort!

Küchentipps. In Streifen geschnitten ergeben die Blätter eine knackig-frische Zutat in Füllungen, zu Salaten usw. Großartig finde ich sie aber vor allem für verschiedene Fingerfood-Zubereitungen. Sie sind die Grundlage bzw. das Häppchen, das mit Verschiedenem belegt werden kann. Viel Hitze halten sie nicht aus, lassen sich in Streifen geschnitten aber gut im letzten Moment unter Buttergemüse, z. B. Erbsen und Möhren rühren.

Fette Henne-Crostini

1 ½ EL Weizenvollkornmehl, 250 ml Milch, 40 g Hartkäse (fein gerieben), 1–2 EL Butter, 1 Vollkornbaguette, 500 g zarte Fette Henne-Blätter, 1 Knoblauchzehe, Muskat, Pfeffer, Salz

Natürlich werden auch die Crostini bei uns mit allerhand verschiedenen Zutaten überbacken. Die Käsecreme tut zum Beispiel auch der Kombination aus Dahlienblütenblättern und Tomatenscheiben gut.

Vollkornmehl in einer Pfanne ohne Fett unter ständigem Rühren anrösten, bis es leicht duftet, und wieder etwas abkühlen lassen. Milch zugeben, unter Rühren aufkochen und 3 bis 5 Minuten köcheln lassen, Butter und Käse einrühren und mit fein gehacktem Knoblauch, Muskat, Pfeffer und Salz kräftig abschmecken.
Baguette in Scheiben schneiden und im vorgeheizten Backofen bei 220 °C kurz rösten. Fette Henne-Blätter in breite Streifen schneiden, auf dem Baguette verteilen und mit der Käsecreme übergießen. 5 bis 7 Minuten goldgelb überbacken.

Fette Henne-Schiffchen

↗ siehe Abb.

Was Fingerfood-Rezepte, also das »Topping« für Fette Henne-Blätter angeht, sind Ihrer Phantasie keine Grenzen gesetzt! Hier stelle ich nur zwei Varianten vor, auf die ich irgendwie immer wieder zurückkomme. Schreiben Sie mir, wenn ich Ihre unübertrefflichen Varianten in mein Repertoire aufnehmen darf!

100 g Blauschimmelkäse, 2 EL Joghurt, 20 Fette Henne-Blätter, 5 Scheiben Schwarzwälder Schinken (hauchdünn geschnitten)

1 Blauschimmelkäse und Joghurt zu einer glatten Creme verarbeiten, in einen Spritzbeutel füllen und auf die Fette Henne aufspritzen. Schinkenscheiben in dünne Streifen schneiden und ohne Fett in der heißen Pfanne rösten. Schinkenlocken auf den Käse setzen.

100 g Cashewkerne, 100 ml Gemüsebrühe, 1 EL Sahne, Salz, 20 Fette Henne-Blätter, 20 Scampi, 2 EL Öl

2 Gemüsebrühe erhitzen, die Cashewkerne damit übergießen und für eine Stunde einweichen lassen. Anschließend abseihen und die Brühe auffangen. Die Kerne mit der Sahne pürieren und mit wenig Brühe zu einer glatten Paste verrühren, mit Salz abschmecken. In einen Spritzbeutel füllen und auf die Fette Henne aufspritzen. Scampi in Öl ganz kurz anbraten und auf die Schiffchen setzen.

Fette Henne-Möhrenküchlein

200 g Möhren, Salz, 1 kleine Zwiebel, 2 EL Butter, 200 g Fette Henne-Blätter, 2 Zweige Ysop, einige Blättchen Anis-Ysop (Agastache), 2 Eier, 50 g geriebener Käse, 2 EL Crème fraîche, Pfeffer und Salz, Fett für die Förmchen

Natürlich kann man auch andere Würzkräuter verwenden. Im Zweifel spaziert mein Mann gern über unseren Kräuterhügel und kommt mit einem recht wild zusammengestellten Sträußchen zurück in die Küche. Schmeckt jedes Mal anders, aber immer gut. Schön, wenn man die Auswahl hat!

Backofen auf 200 °C vorheizen. Die Möhren putzen und in Scheiben schneiden. In Salzwasser knapp bissfest garen und abgießen. Die Zwiebel schälen, würfeln und in der Butter glasig anschwitzen, die Fette Henne-Blätter waschen und in Streifen schneiden. Die Kräuter von den Stielen zupfen und fein schneiden.
4 feuerfeste Förmchen ausfetten. In einer Schüssel Eier, Käse und Crème fraîche miteinander verrühren, würzen und die Gemüse und Kräuter gut unterheben. Die Förmchen damit füllen, in die Fettpfanne des Backofens etwas Wasser geben, die Förmchen hineinsetzen und bei 200 °C 20 bis 25 Minuten garen (Stäbchenprobe). Die Küchlein stürzen und mit etwas Joghurtdressing oder einem Chutney servieren.

FUNKIE

[Hosta spez.]

Wie schön, dass das schmale Beet unter der Haselnuss an der Hauswand, das bisher eigentlich nur der Efeu mochte, nun doch seinen Herrn gefunden hat. Es ist schon toll, wie viele verschiedene Funkiensorten auf einen so kleinen Raum passen!

Jemand sagte zu mir: »Das ist Grün in allen Farben.« Fast alle Kräuterhofbesucher gehen aber einfach vorüber, schließlich haben sie auch eine Funkie in einer dunklen Gartenecke, aber zu den Kräutern zählt die ja nicht. Nein – aber zu den essbaren Stauden.

Ungiftig sind alle, genießbar dagegen nur einige zarte Sorten, manche Frühjahrssprosse und alle Blüten, der Rest ist derb, wachsig, zäh oder bitter. Ich weiß nun allerdings nicht, ob es an den Schnecken, an meinem ständigen Stibitzen oder an meiner Ungeduld liegt, dass ausgerechnet die Sorte, deren Blätter küchentauglich sind, sich nicht so schnell breit macht wie die anderen.

Die hellgrünen weichen Blätter schmecken wie Salat! Immerhin haben ja alle Sorten diese leckeren lila Blütenglocken und blühen sogar etwas zeitversetzt – knackige Salateinlage für mindestens 4 Wochen ...

Funkien, manchmal *Herzblattlilien* genannt, kommen eigentlich aus dem östlichen Asien. Aus einer Reihe von wenigen ursprünglichen Arten sind mittlerweile weltweit von Gartenliebhabern über 4000 Sorten gezüchtet worden.

Garten. Die meisten Funkiensorten sind ausgesprochene Schattenstauden, die an entsprechenden Stellen in keinem Garten fehlen dürfen. Ihr Blattschmuck ziert auch noch die finstersten und sogar trockensten Stellen, die sonst kein so prächtiges Gewächs mehr mag. Die Vielfalt ihrer Züchtungen – von 8 bis 80 cm, von blässlich umrandet oder geflammt über verschiedene Grüntöne bis zu einem wachsigen Bläulich – lässt großen Gestaltungsspielraum zu.

Küchentipps. Die Blätter der verschiedenen Sorten sollten nicht nur roh im Garten, sondern auch grob geschnitten und mit Frischkäse vermengt oder für einige Minuten mit Salatdressing mariniert getestet werden. Denn: Selbst einige gängige Salatsorten würden uns unmariniert nicht wirklich schmecken. So geben zum Teil auch Funkienblätter, wenn sie auf diese Weise zubereitet sind, ein ganz anderes Geschmacksbild ab.

Schinken-Funkien-Häppchen

↗ siehe Abb.

4 EL Frischkäse,
1 EL Meerrettich, Salz,
10 zarte Blätter einer hell-laubigen Funkiensorte,
5 Scheiben roher Schinken,
20 ausgezupfte Funkienblüten

Besonderen Pfiff gibt ein Wasabi-Klecks in der Funkienblüte! Die Blattstiele sollte man als grünes »Spargelgemüse« anderweitig verwenden (siehe folg. Rezept).

Frischkäse kräftig mit Meerrettich und Salz abschmecken. Funkienblätter damit bestreichen, Schinkenscheiben halbieren, auflegen und erneut Meerrettichfrischkäse aufstreichen. 2 Blüten so auflegen, dass sie nach beiden Seiten knapp herausschauen, locker aufrollen, mitten durchschneiden und auf die Schnittfläche stellen.

Stachelbeer-Funkien-Chutney

↗ siehe Abb.

500 g fast reife Stachelbeeren (noch gut säuerlich), etwa 30 fleischige, möglichst nicht faserige Funkienblattstiele,
200 ml Apfelsaft, 3 rote Zwiebeln, 1 EL Sonnenblumenöl,
1 mindestens walnussgroßes Stück frischer geschälter Ingwer,
5 EL brauner Zucker,
Apfelessig, Salz

Einmal dachte ich: Eigentlich schade um die Stiele, die bei den Häppchen (siehe vorheriges Rezept) übrig geblieben waren. Und viele Stachelbeeren hatte ich auch noch. Das Rezept ist quasi »passiert« – und gehört jetzt zu meinen Lieblingen.

Stachelbeeren von Stielen und Blüten befreien und vierteln. Funkienblattstiele in kurze Stücke schneiden und im Apfelsaft etwa 10 Minuten leicht kochen. Inzwischen die Zwiebeln schälen, würfeln und im Öl glasig anschwitzen. Funkienstiele durch ein Sieb schütten und mit dem Apfelsaft die Zwiebeln ablöschen. Der Apfelsaft soll im offenen Topf noch etwas reduzieren, dann die Stachelbeeren zufügen und wieder aufkochen. Ingwer klein würfeln und zugeben, Funkienblattstiele zufügen, Zucker einrühren und mit Essig und Salz abschmecken.

Hirseauflauf

250 g Hirse,
650 ml Gemüsebrühe (siehe S. 45), Salz, 1 Butterflocke,
4–5 Funkienblätter mit Stiel,
3 Tomaten, 1 Knoblauchzehe,
falls gewünscht 2–3 Scheiben gekochter Schinken,
1 Msp. Thymian,
1 Msp. Steinquendel,
50 g Käse, 3 Eier, Pfeffer, Salz

Alternative Getreidearten bringen Abwechslung auf den Tisch und sind genau so einfach zu verarbeiten wie beispielsweise Reis.

Hirse mit Brühe aufkochen, im geschlossenen Topf auf kleinster Flamme ausquellen lassen. Funkienblätter grob schneiden, Stiele separat in der Butter kurz anschwitzen. Tomaten klein schneiden, Knoblauch fein würfeln, Schinken schneiden. Die Hälfte des Käses und alle restlichen Zutaten miteinander vermengen, abschmecken und in eine Auflaufform geben. Mit dem restlichen Käse bedecken und bei 200 °C ca. 20 bis 25 Minuten backen.

MAHONIE

[Mahonia aquifolium]

Beim Blick in unser Marmeladenregal fragen Kunden recht oft: »Was sind denn Mahonien?« Den Strauch, auf den ich zur Antwort verweise, glauben sie wiederzuerkennen:

»Das kenne ich aus dem Weihnachtsgesteck, heißt das nicht Stechpalme? Aber die ist doch giftig.« Naja, die Blätter beider Gehölze ähneln einander, Stechpalmen sind immergrüne Weihnachtsdekoration und giftig. Aber Mahonien haben neben Blattähnlichkeiten nichts mit ihnen gemeinsam und lassen sich wunderbar verwenden. Und auch sie sind wohl jedem schon begegnet, denn sie sind ein beliebtes Ziergehölz, z. B. für Parkplatzeinfassungen, aber leider dort eben meistens nicht zu ernten.

Auch von Mahonien heißt es, sie seien giftig und tatsächlich enthält der Strauch Berberin, ein Alkaloid, dass zu verschiedenen Heilzwecken angewendet wird. Holzige Teile und Blätter darf man darum natürlich nicht verzehren und auch von den Früchten sollte man nicht zu viele roh essen – aber das ist bei Holunder auch so, und da wird die Giftfrage eigentlich nie gestellt. Eigentlich besteht diese Gefahr auch nicht, denn die Beeren schmecken ziemlich »blau«, wie z. B. Aronia, und haben übrigens ein ähnliches gesundheitliches

Während ihr Familienname Mahonia auf den Gärtner M'Mahon zurückgeht, leitet sich *aquifolium* aus dem Lateinischen her und bedeutet spitzblättrig. Die hier beschriebene Mahonienart stammt von der Pazifikküste Nordamerikas, während andere Vertreter der Familie auf der gesamten nördlichen Halbkugel zu finden sind. Sie beschäftigen die Biologen Europas bereits seit etwa 1800. Seitdem hat sich ihre geltende Klassifizierung und Einordnung mehrmals geändert. Von der Zuwanderin weiß man hierzulande recht wenig, das ist nicht viel anders bei der ihr verwandten Berberitze, die in der orientalischen Küche oft verwendet wird, hier aber längst in Vergessenheit geraten ist.

Potenzial. Mahonien sind also recht »herbe Früchtchen« und wollen verarbeitet und kombiniert werden.

Garten. Die Sträucher mit ihrem harten, immergrünen Laub vertragen recht große Trockenheit, lassen sich auch willig schneiden – eine typische Grabbepflanzung. Außerdem bilden sie mit ihrem stechenden Laub ziemlich undurchdringliche Barrieren. In Parkanlagen, auf Parkplätzen und an Grundstücksgrenzen sind sie daher ein wehrhaftes Hindernis auf Trampelpfaden.

Küchentipps. Aus den Beeren lässt sich ein herbfruchtiger, sehr farbintensiver Saft gewinnen, den man mit anderen, geschmacklich blasseren Obstarten kombinieren und vielleicht durch duftende Aromen (Vanille, Rose etc.) mildern sollte. Dazu müssen die Früchte aber immer aufgekocht und nicht kalt entsaftet werden. Außerdem lassen sie sich trocknen und in Früchteteemischungen oder als herbfruchtiger Rosinenersatz im Kuchen verwenden.

Mahoniensenf

1 kg Mahonienbeeren,
200 ml Balsamico,
1 TL Salz, 3 EL Zucker,
130 g gelbes Senfpulver

Kräftiger Fruchtsenf ist eine gute, hausgemachte Alternative zu allerlei Grillsoßen. Mahonien ergeben dabei die »Männerversion«, man sollte aber auch mit Quitten und Hagebutten weiterprobieren!

Die Mahonienbeeren waschen und mit möglichst wenig Wasser zum Kochen ansetzen. Unter ständigem Rühren im eigenen Saft weich kochen und abkühlen lassen, in ein Sieb oder die Flotte Lotte geben und das Fruchtfleisch passieren. 500 g Fruchtmark abmessen, mit den restlichen Zutaten gut verrühren und kühl stellen. Wenn der Senf zunächst noch sehr scharf ist, wird er abgefüllt und erst nach 2 Wochen serviert.

Mahonienmuffins

250 g Butter,
230 g Zucker, 1 TL Zimt,
Mark aus ½ Vanilleschote,
4 Eier, 400 g Mehl,
1 TL Backpulver,
300 g Mahonienbeeren

Dieses herb-fruchtige Gebäck ist sicher kein »Kinderkram«, aber Liebhaber z.B. von schwarzer Schokolade finden sicher daran Gefallen.

Butter, Zucker und nach und nach die Eier schaumig rühren. Mehl, Backpulver und Gewürze zugeben und alles verrühren. Mahonienbeeren unterheben, Teig in die gefetteten Förmchen füllen und ca. 15 bis 20 Minuten bei 180 °C goldgelb backen.

Minzpudding mit Mahonien-Minzsoße

Pudding:
500 ml Milch,
3 große Stängel Minze,
2 EL Zucker,
2 EL Stärkemehl

Mahonien-Minzsoße:
½ Litermaß voll
Mahonienbeeren,
3 Stängel Minze,
Saft von 1 Zitrone,
1 EL Stärkemehl,
3 EL Zucker

Minze ist eine tolle Ergänzung nicht nur zu dunkler Schokolade, sondern auch wunderbar zu Mahonien – beides zusammen ergibt einen herb-frischen Kontrast. Also: Wie wäre es, zu diesem Pudding noch ein schokoliertes Minzblatt zu servieren? Die Zubereitung funktioniert genau wie bei Gundermann (S. 46).

Milch in einem Topf erwärmen, Minze hineingeben, warm halten und einige Zeit ziehen lassen. Abseihen, etwas von der Milch zum Anrühren der Stärke zurückbehalten, den Rest mit dem Zucker verrühren und zum Kochen bringen. Stärke mit der restlichen Milch glatt rühren, den Topf vom Feuer nehmen, gut weiterrühren, noch einmal kurz aufwallen lassen und in eine kalt ausgespülte Form geben. Mahonien mit 1 Liter Wasser zum Kochen bringen und fünf Minuten köcheln lassen. Abseihen, den Saft auffangen und das Fruchtmark durch ein Sieb streichen. ½ Liter Saft abmessen, Zitronensaft, Zucker und Minze zugeben und 10 Minuten ziehen lassen. Minze herausheben, Fruchtmark einrühren und alles wieder zum Kochen bringen. Vom restlichen Saft 2 EL abnehmen, die Stärke damit anrühren und die Soße damit binden. Während des Abkühlens gelegentlich umrühren.

Margerite

[Chrysanthemum leucanthemum]

Diese »großen Gänseblümchen« sind in der freien Natur leider selten geworden. Wie gut, dass sie in den Gärten freundliche Aufnahme gefunden haben.

Natürlich nicht nur als Wildform, sondern zum Beispiel auch mit pinkfarbenen oder weinroten Kronblättern oder, wie im Garten meiner Eltern, als alljährlich bewunderte gefüllt blühende Edelmargerite. Die hätte ich so gern auch hier, leider widersetzte sie sich einem Umzug in meinen Garten bisher vehement und erfolgreich. Jeder der edlen Ableger hatte, wenn er hier zu blühen begann, seine noble Herkunft einfach vergessen und blühte völlig ungefüllt, den Wilden zum Verwechseln ähnlich.

Dass sie sich auf den Waldwiesen der Umgebung rar machen, liegt auch daran, dass sie schmecken – nicht nur uns, sondern auch den Rehen. So sind die freundlichen weißgelben Köpfe meist schon verspeist, bevor die Samen reif sind und für Verjüngung sorgen könnten.

Ein Falkenhainer Gärtner sammelt übrigens auf seiner kleinen Blumenwiese am Haus Margeritensamen, um sie den Rehen und Hummeln, aber auch den Kräuterfrauen zur Freude auf der Waldwiese auszustreuen. Toll!

Natürlich diente auch das »erwachsene Gänseblümchen« zur Liebesorakelei, hat wie dieses auch ungefähr eine zwei Drittel-Chance auf eine ungerade Blütenblätterzahl und ist wohl das älteste Orakel der Welt, das heute noch gelegentlich befragt wird.

Garten. Margeriten sind recht anspruchslos, wenn der Boden nicht zu mager und genügend feucht ist. Das gilt auch für ihre farbig blühende Gartenverwandtschaft. Sind die Stiele unter dem Blütenkopf verlaust (es war wahrscheinlich kurzzeitig zu trocken), bieten die eigenen Finger (am besten in einem Einweghandschuh steckend) die schnellste effektive Hilfe. Ich fahr einfach mit den Fingern am Stängel nach oben. Nach zwei Tagen noch ein kräftiger Wasserstrahl – und alles ist wieder im Lot.

Küchentipps. Leider behalten die Strahlenblüten ringsherum ihre Struktur nicht, wenn sie zubereitet werden. Deshalb sollte man meist Knospen verarbeiten oder die Strahlen auszupfen und separat servieren, will man verhindern, dass Margeriten zur (unantastbaren) Dekoration degradiert werden.

Frittierte Margeriten

↗ siehe Abb.

2 EL Mehl, 3 EL Milch, 1 Ei, Pfeffer und Salz, 20 Margeriten mit Stiel, Öl zum Frittieren

Die Margeriten sollen auch nach dem Teigbad und dem Frittieren wie Margeriten aussehen – das Auge isst ja bekanntlich mit. Dafür nach dem Teigbad bitte den Blütenstiel noch zwischen den Fingern drehen, damit sich die Blüten gleich einem Propeller noch vor dem Frittieren wieder entfalten können.

Aus Eiern, Milch und Mehl einen glatten Eierkuchenteig rühren und würzen. Öl erhitzen, bis an einem hineingehaltenen Holzlöffelstiel Bläschen aufsteigen. Margeriten in den Teig tauchen, wie oben beschrieben drehen und im Öl ausbacken, auf einem Küchenkrepp abtropfen lassen.

Warmer Spargel-Margeriten-Salat

2 EL weißer Sesam, 1 Knoblauchzehe, ebensoviel Ingwer, je 200 g weißer und grüner Spargel, 2 Tassen Margeritenköpfe, Öl, 1 EL Zucker, 100 ml Kokosmilch, 1 EL Balsamico, Salz, 6–8 Zitronenverbenenblätter (fein gewiegt)

Wer keine Zitonenverbene hat, kann auch Zitronenschalenabrieb, weiße Melisse oder notfalls ein wenig Zitronenmelisse nehmen. Wenn Sie aber einmal »eine Nase« Verbenenblätterduft »genommen« haben, brauchen Sie das Pflänzchen auch, ganz bestimmt!

Sesam ohne Fett anrösten. Knoblauch und Ingwer fein hacken, Spargel schälen und in fingerdicke Scheiben schneiden, weiße Margeritenblütenblätter abzupfen. Öl erhitzen, Ingwer und Knoblauch anbraten, Spargel zufügen, unter Rühren ca. 4 Minuten mitbraten. Zucker und die Margeritenkörbchen zugeben, 2 Minuten karamellisieren lassen. Mit Kokosmilch und Balsamico ablöschen und vom Feuer nehmen. Mit Salz und Zitronenverbene abschmecken und zum Servieren mit dem Sesam und den weißen Blütenblättern bestreuen.

Margeriten-Eiersalat

10 Eier, 1 Bund grüner Spargel, Rotkleeblüten, Margeritenknospen, zarte Lindenblätter, Schnittlauchblüten

Dressing:
2 EL Frischkäse, 1 EL milder Senf, 2 EL heller Weinessig, 200 ml Rapsöl, Pfeffer, Salz und 1 TL Koriandersaat (gemörsert)

Eiersalat mit einem schlanken Senfdressing ist auch nach der Spargelzeit eine wunderbare Grundlage für allerlei Gartenblumen auf dem Teller. Zur Dahlienzeit gibt z.B. gelbe Zucchini die nötige Substanz.

Eier 10 Minuten hart kochen, abkühlen lassen, schälen, grob schneiden. Spargel schneiden, in Salzwasser einige Minuten bissfest garen und auskühlen lassen. Blüten von den Stielen zupfen, Schnittlauchblüten komplett zerkrümeln, zu den Eiern geben. Lindenblätter grob schneiden, mit dem Spargel nun ebenfalls unterheben. Frischkäse, Senf, Weinessig und 3 EL Wasser verrühren, unter ständigem Rühren Öl einlaufen lassen. Das Dressing mit Pfeffer, Salz und Koriandersaat abschmecken und den Salat damit marinieren.

Hähnchen-Blütensülze

Brühe:
1 Grillhähnchen, 1 Lorbeerblatt, 1 Möhre, 1 große Zwiebel, 1 Stück Sellerie, 1 Knoblauchzehe, 3 EL Salz, 1 EL Pfefferkörner, 1 Gundermannranke

Sülze:
5 voll erblühte Margeriten, 10 Blatt Gelatine, 1 Tasse Margeritenknospen, 1 Tasse ausgezupfte Salbeiblüten, evtl. 1 Tasse Obstbaumblüten, 1 rote Pfingstrose, 6 Schnittlauchblüten, Pfeffer, Salz

Beim Einfüllen der Sülze in die Form sollte man bedenken, dass sie anschließend gestürzt wird und das Untere nach oben kommt! Es nützt also nichts, die Oberseite der Sülze zu dekorieren, sondern den Boden der Form – mit Blüten, die auf der Nase liegen, damit sie später aus der Sülze heraus schauen.

Das Hähnchen in einen Topf geben, mit drei Litern Wasser bedecken, die Zutaten für die Brühe dazugeben und kurz aufkochen. Sofort den Herd auf kleinste Stufe schalten und 40 Minuten nur noch leise köcheln lassen. Ausstellen, Gelatine in kaltem Wasser einweichen. Fleisch aus der Brühe nehmen und abkühlen lassen. Brühe abseihen. In 70 ml Brühe ein Gelatineblatt auflösen, in die Sülzenform geben und die aufgeblühten Margeriten kopfüber in die Flüssigkeit legen. Form kalt stellen, bis diese Schicht fest geworden ist. Inzwischen das Huhn zerlegen, das Fleisch klein schneiden. Blüten auszupfen, Pfingstrosenblütenblätter zerschneiden, mit dem Fleisch vermischen und auf die Geleeschicht in die Sülzenform geben. 500 ml Brühe kräftig abschmecken (sie sollte deutlich überwürzt sein, sonst schmeckt die Sülze am Schluss fade) und 7 ausgedrückte Gelatineblätter darin auflösen. Die Fleisch-Gemüse-Mischung damit übergießen und über Nacht kalt stellen. Vor dem Stürzen die Form kurz in warmes Wasser halten.

Nachtkerze

[Oenothera biennis]

»Hast du gesehen? Jetzt sind die Nachtkerzen aufgeblüht!« Jeden Abend tun sie das pünktlich, alle gleichzeitig innerhalb weniger Minuten – wie von Geisterhand. Als hätte jemand das Licht angemacht in diesem Teil des Gartens.

Allerlei Nachtfaltern und Flugtierchen »dämmert« es jetzt, dass sie hier ein leuchtendes Plätzchen finden, jedenfalls all denen, die sich nicht zu Größerem berufen fühlen und Nachbars Straßenlaterne ansteuern! Glück gehabt, dass wir ein paar Tage nicht zu Hause und deshalb mit dem Ernten nicht schneller waren. Die Knospen sind schließlich ein wunderbares Sommergemüse!

Und außerdem: Wenn alle Knospen blühen, Falterbesuch bekommen und Samen

Die Nachtkerze stammt aus nordamerikanischen Steppengebieten, kam vor etwa 400 Jahren nach Europa und legte ein gehöriges Tempo vor – bei Ausbreitung und Beliebtheit. Sie hatte ihren Weg sehr schnell von den Zier- in die Küchengärten gefunden. Während des 18. und ganzen 19. Jahrhunderts zählte *Rapontika* oder die *Speckrübe*, wie sie auch genannt wurde, zu den beliebtesten Gemüsepflanzen überhaupt. Aber sie ließ sich nicht einsperren. Schon in den 1760er Jahren vermerkte man in Preußen, dass die Amerikanerin in Brandenburg ein »gemeines Unkraut« geworden sei. Den jüngsten Karrieresprung machte die Nachtkerze, als man vor einigen Jahren entdeckte, dass die ölhaltigen Samen eine erstaunlich große Menge lebenswichtiger Linolsäuren enthalten, die der Körper nicht selbst bilden kann, aber für den Stoffwechselprozess und die Zellerneuerung dringend braucht. Inzwischen findet sich Nachtkerzenöl sogar in Kosmetika und Medikamenten wieder, die unter anderem bei verschiedenen Hautproblemen, Arthritis und Allergien Anwendung finden.

ansetzen dürften, würden wir das Beet nächstes Jahr gar nicht mehr wieder finden. »Samt sich willig selbst aus!« stand im Katalog – und so ist es auch. Die ersten Samenkapseln sind schließlich schon offen, wenn der Stängel immer noch täglich blüht. Also ernte ich in der Regel die Knospen der nächsten drei Tage und im Herbst (fast) alles, was aus den Samen vom letzten Jahr geworden ist. Die unzähligen kleinen Blattrosetten, die den Boden vom Staudenbeet zwischen Pfingstrose und Phlox bedecken, werden bis dahin nämlich zu leckeren »Speckrüben« herangewachsen sein: Sie sind weiß und rosa wie durchwachsener Speck, geschmacklich eine Mischung aus Schwarzwurzel und Rettich – und das alles ohne mein Zutun!

Garten. Die Nachtkerze besiedelt von selbst magere, relativ trockene Standorte, an denen der Konkurrenzdruck nicht sehr hoch ist. Will man sie der Blüten wegen anbauen, begnügt sie sich mit jedem freien, sonnigen Plätzchen, das sie bekommt, auch zwischen Pflasterritzen oder an Wegrändern. Sollen verwertbare Wurzeln wachsen, sollte der Boden aber nahrhafter sein und feuchter gehalten werden. Dazu sät man sie am besten wie Möhren als Reihe direkt ins Gemüsebeet. Natürlich lassen sich aber auch alle spontanen Sämlinge des Jahres, die bis dahin dem Jäten entgangen sind, im Herbst ausgraben und ungeachtet ihrer Größe in der Küche verwerten.

Die zweijährige Nachtkerze hat noch eine ausdauernde, kriechend wachsende Verwandtschaft, die ein Rhizom und keine Rübenwurzel ausbildet. Zudem sind die Knospen kleiner und mit klebenden Härchen bedeckt, die gar nicht schmecken. Die Kriechende Nachtkerze ist also kulinarisch nicht zu verwenden.

Küchentipps. Für die Küche werden nur die geschlossenen Knospen verwendet. Zum einen öffnen sich die Blüten im Sommer zu spät zum Abendessen, zum anderen fühlen sich die Blütenblätter an wie ein Luftballon, aber ohne Luft – nichts, was ich zwischen Zunge und Gaumen mag! Geschlossen haben sie aber Biss und schmecken wie Gemüse. Sie bereichern Aufläufe, Eintöpfe, Mischgemüse. Die Wurzeln werden im späten Herbst zusammen mit allem anderen Wurzelgemüse geerntet und entweder in eine Miete eingeschlagen oder verwertet, wie z. B. auch Möhren, Schwarzwurzeln oder Pastinaken.

Herbstsalat mit Nachtkerzenknospen und -wurzeln

↗ siehe Abb. S. 10

1 große Rote Beete,
1 EL Knoblauchraukensamen,
1 EL Rotweinessig,
3 EL Rapsöl, 1 EL saure Sahne,
Salz, Pfeffer, 1 Lorbeerblatt,
etwa 10 cm Porreestange,
1 großer Apfel,
5 Kapuzinerkresseblätter,
1 Tasse Nachtkerzenknospen,
3–4 Nachtkerzenwurzeln,
1 EL Öl

Wer mag, kann die Rote Beete auch roh schälen und in Stifte schneiden, dann wird der Salat bunter, denn die Beete färbt das Dressing nicht so kräftig.

Rote Beete ungeschält in Alufolie wickeln und im Backofen bei 180 °C 90 Minuten garen. Inzwischen Knoblauchraukensamen mörsern, mit Essig, Öl, Sahne, Salz und Pfeffer mischen, Lorbeerblatt dazugeben. Heiße Rote Beete schälen, in Stifte schneiden und noch warm mit dem Dressing marinieren. Porree in Ringe schneiden, Apfel stiften, Kapuzinerkresse grob schneiden, Nachtkerzenknospen evtl. halbieren. Alles vermengen, durchziehen lassen und abschmecken. Nachtkerzenwurzeln der Länge nach in dünne Scheiben schneiden, in wenig Öl kurz, aber kräftig anbraten, etwas salzen und über dem Salat anrichten.

Grüne Nudeltarte

↗ siehe Abb. S. 10

Boden:
2 Tassen Fadennudeln,
½ Tasse geriebener Käse,
2 Eier, Salz, Muskat

Belag:
500 g Magerquark, 2 Eier,
1 TL Senf, Pfeffer und Salz,
Grün von 3 Zwiebeln,
etwa ein Litermaß voll grob geschnittene Wildgemüse (Nachtkerzenknospen, Kapuzinerkresse, Fette Henne-Blätter, Giersch, Mangold, ...),
100 g geriebener Käse

Der Nudelboden ist wirklich schnell gemacht, anschließend aber noch saftig – ein einfaches und trotzdem raffiniertes Gericht.

Fadennudeln in Salzwasser gar kochen, abgießen und abkühlen lassen. Mit geriebenem Käse und Eiern vermischen und würzen. In eine Springform füllen und als Boden gleichmäßig festdrücken. Im Backofen bei 180 °C ca. 10 Minuten vorbacken.
Quark mit den Eiern verquirlen, mit Pfeffer, Salz und etwas Senf abschmecken. Zwiebelgrün und Wildgemüse klein schneiden und mit der Quarkmasse gut vermengen. Alles auf dem vorgebackenen Boden verteilen, mit einer dünnen Schicht geriebenem Käse bedecken und weitere 10–15 Minuten backen. Dazu kann Tomatensoße serviert werden.

Nachtkerzen-Fenchel-Gemüse

1 große Zwiebel,
2 Fenchelknollen, 2 Tassen Nachtkerzenknospen,
neutrales Öl,
100 ml Gemüsebrühe,
50 g kalte Butter,
Pfeffer, Salz

Die Kombination aus Nachtkerze und Fenchel eignet sich sehr gut als Beilage zu einem gedünsteten Fischfilet.

Zwiebel würfeln, Fenchel in Streifen schneiden, das Fenchelgrün zurückbehalten. Zwiebel in Öl kräftig anbraten, Fenchel zufügen und einige Minuten braten. Mit der Gemüsebrühe ablöschen und etwas reduzieren lassen, bis der Fenchel bissfest ist. Mit Salz und Pfeffer abschmecken, Butter einrühren und Nachtkerzenknospen sowie fein geschnittenes Fenchelgrün dazugeben. Abgedeckt und ohne Hitze für 2–3 Minuten ruhen lassen, dann servieren.

Gefüllter Patisson

2 Patisson,
Salz, Pfeffer, Öl,
300 g rote Linsen,
2 Mangoldblätter,
150 g gewürfelter roher Schinken,
100 g geriebener Käse,
½ Tasse Nachtkerzenknospen,
½ Tasse gehackte Walnusskerne, 4 Tomaten,
1 EL fein gehackte frische Oreganoblätter,
1 Knoblauchzehe

Viele halten die »Ufos« unter den Kürbissen nur für Ziergewächse, dabei sind sie wirklich lecker und recht einfach zu verarbeiten. Und Zierde auf dem Esstisch ist ja auch schön!

Backofen auf 180 °C vorheizen. Von den Patisson an der Oberseite einen Deckel abschneiden und die Kürbisse anschließend aushöhlen. Von innen das feste Fruchtfleisch an der Schale mit der Gabel mehrmals einstechen und die ausgehöhlten Kürbisse innen salzen, pfeffern sowie mit etwas Öl ausstreichen. Anschließend 10 Minuten im Backofen vorgaren.
Linsen in Salzwasser garen und sofort gut abschrecken. Mangoldblätter waschen und grob schneiden, Blattstiele fein schneiden. Linsen, Schinken, geriebenen Käse, gehackte Walnüsse, Nachtkerzenknospen und Mangold mischen. Tomaten würfeln und anschmoren, mit Pfeffer, Salz und Knoblauch sowie dem Oregano kräftig abschmecken. Tomatensoße zur Füllung geben und unterheben, die Kürbisse damit füllen. Deckel aufsetzen und im Backofen weitere 20 Minuten bei 180 °C garen.

Pfingstrose

[Paeonia spez.]

Oft soll ich lange im Voraus Menüs planen, Rezeptvorschläge für die Studioküche machen usw. – und das mit Zutaten, von denen manche nur ein bis zwei Wochen Saison haben. Aber wann – das weiß man vorher nie so genau. Außer bei Pfingstrosen!

»Pfingstrosen blühen am 12. Juni.« Eine Kindheitserinnerung. Ich sehe uns noch mit Blumensträußen zum Lehrertag in die Schule gehen, und immer waren Pfingstrosen dabei. Manchmal verbreiteten die weißen und rosafarbenen Köpfe ihren Duft im Klassenraum; war es ein kaltes Frühjahr gewesen, gab es nur die festen, edlen, weinroten Kugeln in unseren Sträußen. Damals ahnte ich noch nicht, dass ich sie einmal als Speisezutat sehr schätzen würde. Viele davon kommen immer noch aus dem Garten meiner Eltern. Ich genieße es, wenn die frühen weinroten Blüten die Farbe von Roter Beete in den Salat zaubern, und kann es dann kaum erwarten, auch den Duft der späten Blüten in der ersten Bowle einzufangen.

In vielen Veröffentlichungen liest man, Pfingstrosen seien giftig. Aber Muskatnüsse, Zimt, Waldmeister, Holunder und viele andere Pflanzen auf unseren Speisezetteln sind ebenfalls giftig oder enthalten entsprechende Substanzen. Pfingstrosen enthalten das Alkaloid Päonin in den Blättern und vermutlich auch in den Wurzeln. Allerdings ist die Pfingstrose – wie viele andere Pflanzen auch – in dieser Hinsicht weitgehend unerforscht. Dennoch: Die grünen Blätter und vorsorglich auch die Knollen haben in der Küche nichts zu suchen.

Die Gattung der Päonien hat zahlreiche Arten, die vorwiegend in den gemäßigten und subtropischen Regionen Europas und Asiens zu Hause sind, darunter einige verholzende Sträucher und Halbsträucher. Die meisten aber sind Stauden, deren Gattungsname auf den Arzt der griechischen Götter namens »Paian« zurückgeführt wird, denn unter den sagenhaften Olympbewohnern konnte diese Pflanze sogar Tote auferstehen lassen.

Dafür sorgen die Blüten für erstaunliche kulinarische Raffinesse: Seit vielen Jahren kommen die Blütenblätter in meine Speisen, die damit bewirteten Gäste waren immer begeistert. Dabei wandern die ausgezupften Blütenblätter der dunkelroten und nicht duftenden Sorten eher in herzhafte Speisen wie Salate, Aufläufe und Füllungen, wohingegen die kräftig duftenden in Getränken, Desserts und allem, was mit (Pfingst-)Rosenduft veredelt werden kann, verwendet werden.

Garten. Das Faszinierende an Pfingstrosen ist, dass sie noch am Ende ihrer Blütezeit, kurz bevor sie ausfallen, so stark duften wie am ersten Tag. Sie können den Garten also lange zieren, bevor sich der Gärtner doch zum Ernten entschließt. Gern stehen sie in voller Sonne und ebenso gern immer an demselben Platz. Müssen sie doch verpflanzt werden, muss man damit rechnen, dass sie etwa drei Jahre brauchen, um wieder üppig zu blühen.

Küchentipps. Pfingstrosenblütenblätter sind mehr oder weniger stark duftende Salatblätter oder Duftspender. Sie bleiben im Gegensatz zu manchem zarten Blütenblatt auch mariniert noch lange knackig. Als Duftblüten dürfen sie vor der Verarbeitung natürlich nicht gewaschen werden und lassen sich neben allen anderen Verarbeitungsmöglichkeiten auch sehr gut als Zutat für einen Blütentee trocknen.

Rhabarber-Pfingstrosen-Auflauf

2 Eier, 4 EL Milch,
70 g Honig, 250 g Quark,
40 g weißes Mehl,
½ TL abgeriebene
Zitronenschale,
1 EL Pfingstrosenzucker,
1 Pr. Salz,
Butter und
Grieß für die Form,
30 g Mandeln,
200 g Rhabarber,
ausgezupfte Pfingstrosenblütenblätter von 2 möglichst duftenden Blüten

Diese duftig süße Verführung lässt sich natürlich auch zu anderen Zeiten sehr gut zubereiten. Ersetzen Sie einfach Rhabarber und Blüten durch Brombeeren und Phlox oder andere Kombinationen. Vom Blütenzucker bereite ich mir jedes Jahr eine ganze Auswahl zu und ersetze damit in den gängigen Rezepten den Vanillezucker. (Herstellen von Blütenzucker: siehe rechte Seite)

Eier trennen. Eigelb und Milch glatt rühren, Honig zugeben und rühren, bis die Masse hellgelb und cremig ist. Quark, Mehl, Zitronenschale und Pfingstrosenzucker unterrühren. Eiweiß mit einer Prise Salz separat steif schlagen und unter die Quarkmasse heben.
Eine ofenfeste Form mit Butter fetten und mit Grieß gut ausstreuen. Mandeln grob hacken und Rhabarber in 1 cm große Stücke schneiden.
Ein Drittel der Quarkmasse in die Form geben, Rhabarber, die Hälfte der Mandeln und die Pfingstrosenblütenblätter darauf verteilen, mit der restlichen Quarkmasse bedecken. Übrige Mandeln auf die Oberfläche streuen und bei 170 °C ca. 45 Minuten backen. Lauwarm servieren.

Pfingstrosen-Pfefferbananen

3 EL Mandelblätter,
200 g Joghurt,
100 ml Sahne,
2–4 EL Pfingstrosensirup
(siehe Rezept Nelkenblütensirup, S. 123),
2 Orangen,
1 EL rosa Pfeffer,
4 Bananen,
1 EL Butter

Leider braucht es immer erst einen Anlass, aufwändige Desserts herzustellen. Aber allen Naschkatzen sei gesagt: Die Mühe lohnt sich, und wenn man rechtzeitig Sirupvorräte verschiedenster Gartendüfte anlegt, lässt sich das Rezept abwandeln und ohne frische Blütenzugabe (oder mit kandierten Blüten!) sogar in den Winter tragen.

Mandelblätter in der trockenen Pfanne hellbraun rösten, abkühlen lassen. Joghurt mit Sahne und Pfingstrosensirup und etwas Orangenschalenabrieb verrühren. Orangensaft aufkochen und zu dünnem Sirup reduzieren lassen, inzwischen rosa Pfeffer mörsern und dem fertigen Orangensirup zugeben. Bananen längs halbieren, Butter zerlassen und die Bananen von beiden Seiten bei mittlerer Hitze 2 Minuten braten, auf der Joghurtsahne anrichten, mit dem Orangen-Pfeffersirup begießen und mit ausgezupften Pfingstrosenblütenblättern und Mandeln dekorieren.

Blütenzucker

Blüten- bzw. »Duftzucker« ist eine Grundzutat in meiner Küche. Nachfolgendes Rezept kann mit fast allen essbaren Duftblüten und so manchem geeigneten Kräutlein gleichermaßen hergestellt werden und findet bei mir wie Vanillezucker Verwendung.
Gemessen werden Volumenanteile, da der Feuchtigkeitsgrad und damit das Gewicht verschiedener Blüten sehr unterschiedlich sein kann. Das Volumenverhältnis von frischen Blüten zu Zucker sollte fast immer mindestens 2:1 betragen. Bei sehr trockenen, aromatischen Blüten wie Lavendel genügt aber ein Verhältnis von 1:1.

2 Tassen ausgezupfte, stark duftende Pfingstrosenblütenblätter (ungewaschen!) ausbreiten und einige Stunden antrocknen lassen. Dann die Blütenblätter in eine Schüssel geben, 1 Tasse Zucker zufügen und beides mit der Hand (Einweghandschuhe) kräftig verkneten. Wiederum einige Stunden durchziehen lassen und dann zum Trocknen auf einem mit Backpapier belegten Blech verteilen.
Ist der Zucker verklumpt oder sind die Blütenblätter durch das Verkneten nicht genügend zerkleinert worden, kann alles in einen Gefrierbeutel gefüllt und mit dem Plattiereisen oder Fleischklopfer zerkleinert werden. Für große Mengen eignet sich auch der Mixer. Nutzen Sie aber geringe Drehzahlen und nur ganz kurze Laufzeiten, damit sich der Blütenzucker beim Mahlen nicht erwärmt, dann würden die ätherischen Öle »verduften«.

Pfingstrosenbowle

0,75 l trockener Weißwein,
150 ml Pfingstrosensirup (siehe Rezept Nelkenblütensirup, S. 123),
0,75 l Mineralwasser,
0,75 l trockener Sekt,
1 duftende Pfingstrosenblüte,
2 Blättchen Salbei,
½ Bio-Zitrone

Unsere Blütenbowlen sind bei den Kräuterhofbesuchern ein Dauerbrenner! Es kommt eben nur darauf an, dass eine duftende Besonderheit drin ist. Vergessen Sie bei anderen Blüten nie den Kontrast (Holunderblüte-Basilikum oder Robinienblüte-Thymian), sonst hat man schnell schweres Parfüm statt eines Drinks unter der Nase!

Wein ins Bowlegefäß geben, Sirup zufügen und gut verrühren. Mineralwasser und Sekt nachgießen, Blüten auszupfen, Salbeiblätter zwischen den Fingern rollen, Zitrone in Scheiben schneiden. Alles zugeben und kurz unterrühren. Kühl stellen und zwei Stunden ziehen lassen.

Spargel-Frühlings-Tarteletts

↗ siehe Abb.

Teig:
100 g Butter, 200 g Dinkelvollkornmehl, ½ TL Salz, 3–4 EL Wasser, Pergamentpapier und trockene Hülsenfrüchte zum Blindbacken

Füllung:
½ kg weißer Spargel, Salz, 1 Bund Frühlingszwiebeln, 1 Tasse Gänseblümchen, mindestens 1 Tasse rote Pfingstrosenblütenblätter, nach Belieben auch Gierschblätter oder Blattstiele, 1–2 EL Butter, einige Blättchen Ysop und echte Pimpinelle, 75 g mittelalter Gouda, 2 Eier, 3 EL Milch, 150 g Sahne, Pfeffer, Salz, evtl. Muskat

Weißer Spargel und dunkle rote Pfingstrose haben nicht nur gleichzeitig ihre beste Erntezeit, sie ergänzen sich auch wunderbar – nicht nur auf der Tarte! Integrieren Sie doch die Blüten in Ihre hauseigenen Spargelrezepte!

Tartelett-Förmchen buttern. Aus Butter, Mehl und Salz mit etwas Wasser einen festen Teig kneten. Teig auf der bemehlten Arbeitsfläche ausrollen, ausstechen. In die Förmchen setzen, festdrücken und 60 Minuten kühl ruhen lassen. Dann in die Förmchen auf den Teig Pergamentpapier legen, mit Hülsenfrüchten füllen und bei 180 °C 10 bis 15 Minuten vorbacken.
Spargel schälen und in 4 cm lange Stücke schneiden, in Salzwasser 10 bis 12 Minuten knapp bissfest garen. Frühlingszwiebeln mit Grün klein schneiden, kurz in Butter anschwenken, Blüten und Spargel zufügen. Mit Kräutern, Pfeffer und Salz abschmecken und vom Herd nehmen.
Gouda reiben. Eier mit Milch glatt rühren, Sahne und Käse einrühren und kräftig würzen.
Tarteletts aus dem Ofen nehmen, Hülsenfrüchte und Papier entfernen. Mit der Spargel-Blüten-Mischung belegen und die Eiermilch darübergießen. Bei 180 °C ca. 30 Minuten backen.

Crostini mit Pfingst-Lachs-Rosen

½ Tasse Kornblumenblütenblätter, 100 g Butter, Salz, 1 Baguette, 200 g Räucherlachs, 2 Pfingstrosen, Crème fraîche, 10–12 weitere Kornblumen

Ohne Brot zieren die Lachsrosen auch schon mal ein kaltes Buffet bei uns – übrigens eignen sich, wenn die Pfingstrosenzeit um ist, auch dunkle Stockrosenblätter bzw. Malvenblütenblätter prima dafür.

Kornblumen auszupfen, in etwas gesalzene, weiche Butter einarbeiten. Baguettescheiben dünn mit der Butter bestreichen und im Backofen ca. 10 Minuten backen. Räucherlachsstreifen zu Rosen zusammendrehen, dabei Pfingstrosenblütenblätter mit eindrehen und alles auf dem Baguette anrichten. Mit einem Klecks Crème fraîche und weiteren Kornblumenblütenblättern verzieren.

Hoher Sommer-Phlox

[Phlox paniculata]

Genau wie die Vögel im Frühling scheinbar singen und tirilieren, später aber vernehmlich nur noch zwitschern und pfeifen, so ergeht es wohl auch den »Nasen« vieler Insekten und den Verlockungen, denen sie ausgesetzt sind.

Schon mit dem ersten Veilchenhauch lockt die Natur im Frühsommer von einem Duft zum nächsten. Irgendwann im Juli aber sind Blüten vor allem groß und bunt, zarte Düfte haben sich dagegen rar gemacht. Sie weichen den kräftigen Aromen reifender Früchte. Wie gut, dass der Phlox aus der Zeit fällt und es mit seinem betörenden Duft sogar mit dem zweiten Blütenflor der späten Rosen aufnimmt. Wer holt mit der Nase in diesem Blütenball nicht gern Frühlingsgedanken zurück? Tja, und zudem ist der Phlox wohl eine der wenigen Stauden, deren botanischer Name viel gebräuchlicher ist als der deutsche – oder kennen Sie die *Flammenblume*? Den Phlox kennt aber wohl jeder.

Der Potsdamer Staudengärtner Karl Förster sagte: »Ein Garten ohne Phlox ist nicht nur ein bloßer Irrtum, sondern eine Versündigung gegen den Sommer.« Ob er damit wohl nur den hohen Staudenphlox gemeint hat? Der »Phlox-Reigen« beginnt bereits im Frühling beim Polsterphlox.

Garten. Phlox gibt es inzwischen in einer unglaublich großen Sortenauswahl von weiß und rosa bis zu allen Pink- und Violetttönen. Leider verraten die Sortenbeschreibungen meist viel weniger über den Duft, obwohl der ebenso verschieden sein kann. Eigentlich kommt Phlox mit fast jedem Standort zurecht, wenn er nicht zu trocken und zu schattig ist. Für den Boden gibt es aber unterschiedliche Vorlieben – am besten man pflanzt regional – vielleicht einen Ableger aus Nachbars Garten? Wie viele meiner Gartenblumen nimmt es auch der Phlox nicht übel, wenn ich reichlich ernte, für die Küche natürlich immer nur mit ganz kurzem Stiel. Aus den oberen Blattachsen gedeiht dann eine wunderbare Nachblüte.

Küchentipps. Wie alle anderen Duftblüten verwende ich Phlox ungewaschen, am besten vormittags geerntet und recht schnell verarbeitet, damit der ganze Duft auch im Essen ankommt. Phloxblüten lassen sich z. B. wunderbar kandieren, durch ihre flache Form ist das viel weniger mühsam als beispielsweise bei Veilchen.

Brombeer-Phlox-Eis

500 g Brombeeren,
100 g Puderzucker,
3 EL Zitronensaft,
4 EL Phloxblütensirup
(siehe Rezept Nelkenblütensirup, S. 123),
200 ml Sahne,
50 ml Milch

Eis esse ich für mein Leben gern, in allen Varianten – wenn es ohne künstlichen Geschmack auskommt. Brombeeren und Phloxduft vertragen sich besonders gut, übrigens auch in Quarkspeisen, Cocktails usw.

Brombeeren und Puderzucker gründlich miteinander pürieren, damit keine Brombeerkernchen bleiben. Alle restlichen Zutaten unterrühren und die Masse im Eisbereiter gefrieren lassen. Wenn das Eis im Gefrierschrank eingefroren wird, muss es jede halbe Stunde püriert werden, damit es cremig wird.

Apfel-Phlox-Muffins

1 Ei, 80 ml neutrales Öl,
80 g Zucker, 1 Prise Salz,
40 ml Phloxblütensirup
(siehe Rezept Nelkenblütensirup, S. 123),
50 ml flüssiger Honig,
160 g Joghurt, 2 Tassen
voll ausgezupfte,
möglichst stark duftende
Phloxblüten, 2 Äpfel,
240 g Mehl,
2 TL Backpulver,
½ TL Natron,
80 g gehackte
Sonnenblumenkerne

Ein Rezept, das genauso wandelbar ist wie die Jahreszeiten und das ich auch gern mit Fliederblüten und Rhabarberstücken oder mit Holunderblüten und Johannisbeeren backe.

Ei, Öl, Zucker, Salz, Sirup, Honig und Joghurt gut miteinander verrühren und die Phloxblüten einrühren. Backofen auf 190 °C vorheizen und Muffinblech gut einfetten. Äpfel schälen und in Stückchen schneiden. Mehl, Backpulver, Natron und Walnüsse in einer Schüssel vermischen, mit den Apfelstückchen zum restlichen Teig geben und unterrühren. Teig in die Formen füllen und ca. 20 bis 25 Minuten backen. Wenn vorhanden, aus Phloxblütenzucker (siehe Rezept S. 111) und etwas Apfelsaft eine Glasur herstellen und die Muffins damit überziehen.

Phloxblüten-Kornapfel-Dessert

500 g Kornäpfel, 200 ml Apfeldirektsaft, 2 Litermaßbecher voll ausgezupfte Phloxblüten, 2 EL Zucker, 2 EL Stärke, 2 EL Phloxblütensirup (siehe Rezept Nelkenblütensirup, S. 123)

In vielen Jahren – leider nicht immer – bietet der Garten Kornäpfel und Phlox gleichzeitig – dann sind sie auch ein wunderbares Paar.

Die Äpfel evtl. schälen und ausschneiden. Etwa zwei Drittel davon mit dem Apfelsaft aufkochen und 5 Minuten leise köcheln lassen. Vom Herd nehmen und pürieren. Die Hälfte der Blüten einrühren und 15 Minuten ziehen lassen. Die Masse durch ein grobes Sieb geben, Zucker und restliche Apfelstücke zugeben und vorsichtig erneut aufkochen. Die Stärke mit 2 EL Wasser anrühren, das Mus damit binden, Sirup zufügen und mit gelegentlichem Rühren abkühlen lassen. Restliche Blüten unterheben und servieren.

Sauerampfer-Phlox-Cookies

125 g Butter, ¼ TL Meersalz, 150 g Rohrzucker, 1 Ei, 225 g helles Dinkelmehl, 1 Pck. Backpulver, ½ TL kochendes Wasser, 100 g bittere Schokolade mit hohem Kakaoanteil, 1 Tasse ausgezupfte Phloxblüten, ½ Tasse zarte Sauerampferblätter

Als Naschkatze komme ich auch im Sommer nicht gerne ohne einen kleinen Vorrat Kekse aus. Die sollten nur sommerlich sein und nicht an Weihnachtsplätzchen erinnern. Blütenduft und frische Säure ist da gerade recht.

Butter, Salz und Zucker cremig rühren, Ei zufügen und einrühren und dann das Mehl nach und nach zugeben und alles zu einem Teig verschlagen. Backpulver in einer Tasse mit dem heißen Wasser verrühren und zum Teig geben. Schokolade grob hacken, Blätter und Blütenblätter fein schneiden, alles mit dem Teig vermengen und für mindestens eine Stunde kalt stellen. Aus dem Teig walnussgroße Kugeln formen und auf Backpapier zu flachen Talern drücken. Im vorgeheizten Backofen bei 180° C ca. 10 Minuten goldgelb backen und dann auskühlen lassen.

POLSTERNELKE

[Dianthus spez.]

Herrlich, wenn mich die Nase durch den Garten treibt. Neben dem Flieder schaffen das vor allem die Polster- oder Federnelken, die zur Blütezeit auch unseren Gartenbesuchern das eine oder andere »Oh, wie das duftet!« entlocken.

Leider ist das Aussehen nur für die kurze Zeit der Vollblüte diesem Duft ebenbürtig. Aber dann schwelgen die Polsternelken in Weiß, Rosa oder in kräftigem Pink. Der Kräuterbuchautor Leonhard Fuchs beschrieb die Vielfalt schon 1543 mit »rot, lichtrot, rot-zerteylet und gesprengt …« Für den Rest des Jahres sind die **Polster**nelken eher **Nadel**kissen: spitz, mehr grau als grün und so expansiv, dass ich jedes Jahr nach dem kleinen Enzian suchen muss, der in der Nähe steht.

Garten. Mit rund 300 Nelkenarten ging es züchterisch bunt durcheinander, so dass unzählbare Sorten entstanden, deren Standortansprüche sich dadurch inzwischen ähneln: sonnig, etwas kalkhaltig und nicht staunass. Dann sind sie sehr treue Gartenbewohner, die sich auch recht einfach vermehren lassen. Aussäen wäre möglich, aber wegen der Neigung aller Sorten, sich untereinander zu kreuzen, sollte man sie besser über Stecklinge vermehren. Da das einzeln recht mühsam sein kann, schneide

Nägelchen nannte man die Blüten früher und tatsächlich sehen die kleinsten ungefüllten Blüten in unserem Garten samt Kelch einem Dachpappnagel gar nicht unähnlich – daraus entstand auch der Name Nelke. Aus der gleichen Quelle bezieht auch die Gewürznelke ihren Namen. Botanisch haben beide Pflanzen nichts gemeinsam, aber die Namensdopplung sorgte gelegentlich für Verwirrung. So warf Leonard Fuchs in seinem Kräuterbuch beide in einen Topf und behauptete: »Die Negelblümen gepulvert und in weissem Wein getruncken seind gut für Schlangen/Scorpion und allerley stich und bisß der vergifften thiern. Dieweil daß die

ich auch schon mal ganze Bündelchen vom expansiven Polsterrand und stecke sie komplett in ein Töpfchen mit Erde-Sand-Gemisch – sie wachsen.

Küchentipps. Alle Nelken, nicht nur die verschiedenen Sortenzüchtungen, sondern auch die botanisch verschiedenen Arten sind ungiftig und damit essbar. Natürlich sind einige unter ihnen – z. B. die Sandnelke – so struppig und hart, dass ich sie für ungenießbar halte. Bleiben immer noch viele Sorten mit großartigem Duft, der eine wunderbare Ergänzung zu vielen säuerlichen oder herben Früchten ist. Um den Duft zu erhalten, werden die Blüten zum besten Zeitpunkt gepflückt sowie zügig und ungewaschen verarbeitet. Meist werden dazu die Blütenblätter ausgezupft. Nur sehr selten, wenn sie separat und ohne jede Zubereitung verkostet oder gegessen werden, merkt man, dass das untere weiße Ende der Blütenblätter auch Bitterstoffe enthält. In diesem Fall sollte man sie über dem Kelch abschneiden.

Negelblümen so mancherley krafft und würckung haben/mag man auch Conseruen daraus machen/wie auß Viol/Rosen unnd dergleichen.«, wobei das eine für die desinfizierende Kraft der Gewürznelke, das andere für den Duft unserer Gartennelken gilt.

Letztere wurden bereits in antiker Zeit getrocknet, kandiert und in Essig eingelegt, um das Aroma auch im Winter auf hochherrschaftlichen Tafeln verwenden zu können. Seit 500 Jahren bevölkern sie nun unsere Gärten, die Züchtungen wurden zahlreicher, im 19. Jahrhundert handelten ganze Bücher von ihr und schließlich wurde sie politisch. Als zu Bismarcks Zeiten rote Fahnen verboten waren, boten selbst rote Nelken im Knopfloch Grund genug für Verhaftungen. In der DDR waren sie die meistverkaufte und -verschenkte Blume schlechthin, schließlich kamen sie aus der Mode. Heute besinnen wir uns wieder zurück auf die kleinen, wunderbar duftenden »Spießer«.

Nelken-
blütensirup
200ml

Erdbeer-Nelken-Mohntorte

Tortenboden:
4 Eier, 80 g Honig, 1 TL Zitronenschalenabrieb, 160 g weißes Mehl, Kokosfett und Weizenmehl zum Ausstreuen der Form

Mohncreme:
5 Gelatineblätter, 100 ml Milch, 50 g gemahlener Mohn, 50 g Honig, 3–4 EL Nelkenblütensirup, 300 g Sahnequark

Belag:
500 g Erdbeeren, 1 Tasse frische, duftende Polsternelkenblüten, 1 Pck. klarer Tortenguss, 50 ml Zitronensaft, 200 ml Wasser, 1 EL Nelkenblütensirup (Rezept S. 123), 1 EL Zucker

Leider ist wirklich selten Zeit, aufwändig zu backen. Aber wenn genügend Erdbeeren für eine Torte übrig geblieben und genügend Mäuler angekündigt sind, die das zu schätzen wissen, nehme ich mir gern die Zeit.

Springform (ø 26 cm) fetten und mit Mehl auspudern. Backofen auf 180 °C vorheizen. Eier trennen. Eigelb mit 80 ml lauwarmem Wasser schaumig schlagen, Honig zugeben und rühren, bis die Masse weiß-cremig ist (5 bis 8 Minuten), Zitronenschale einrühren. Eiweiß steif schlagen, abwechselnd mit Mehl auf die Eidottermasse schichten und vorsichtig unterheben. Die Biskuitmasse in die Form geben, 20 Minuten backen, eventuell die Oberfläche gegen Ende der Backzeit abdecken. In der Form abkühlen lassen.
Gelatine in kaltem Wasser einweichen. Milch aufkochen, Mohn einrühren, 2 Minuten kochen lassen. Honig und Sirup zum heißen Mohn geben und etwas abkühlen lassen. In die warme Masse zunächst ausgedrückte Gelatineblätter und dann Sahnequark einrühren. Auf den ausgekühlten Tortenboden streichen. Erdbeeren in die Mohnmasse setzen, Lücken mit Nelkenblütenblättern füllen. Zitronensaft, Wasser und Nelkenblütensirup, Zucker und Tortenguss gut verrühren und zusammen kurz aufkochen, leicht abkühlen lassen und auf der Torte verteilen.

Nelkeneis mit heißen Kirschen

↗ siehe Abb.

150 ml Sahne, 70 g Zucker, 1 Tasse Nelkenblütenblätter, 2 Eigelb, 250 ml Vollmilch, 4 EL Nelkenblütensirup (Rezept S. 123)

Soße:
250 g Kirschen, 300 ml Kirschsaft, 1 EL Puderzucker, 1 EL Speisestärke

Erst seit Kurzem besitze ich eine Eismaschine, die den Namen auch verdient. Seitdem gibt es Eis in allen möglichen Varianten – ich möchte diese Möglichkeit nicht mehr missen!

Die Sahne mit dem Zucker und den Blütenblättern leicht erwärmen und gut ziehen lassen. Abseihen und auskühlen lassen, dann mit den restlichen Zutaten verrühren und im Eisbereiter frieren lassen. Bei Zubereitung im Gefrierfach für mehrere Stunden einfrieren, etwa alle 30 Minuten dabei einmal gut durchrühren oder pürieren. Vor dem Servieren im Kühlschrank einige Zeit temperieren. Kirschen entsteinen, mit Puderzucker und einem Teil des Kirschsafts kurz aufkochen. Im restlichen Kirschsaft 1 EL Stärkemehl einrühren und die heißen Kirschen damit binden, über das Eis geben und sofort servieren.

Nelkenblütencreme mit Schokolade

6 Blätter Gelatine,
3/8 l Milch,
1 Tasse ausgezupfte duftende Nelkenblütenblätter,
2 Eier,
1 EL Nelkenblütenzucker,
80 g Zucker,
2 EL bittere Schokoladentropfen, etwas Kakao,
Nelken zum Dekorieren

Den verwendeten Nelkenblütenzucker stelle ich wie alle Blütenzucker im Vorrat her (siehe Blütenzucker S. 111). Wichtig ist immer der »Kontrast« – anstelle von schwarzer Schokolade sind also auch herbe Früchte oder sogar Küchenkräuter wie Thymian oder Ysop möglich. Probieren Sie das Rezept auch mit Phloxblüten, rühren Sie schwarze Johannisbeeren ein und servieren das Ganze mit schwarzem Johannisbeersirup.

Die Gelatine in wenig kaltem Wasser einweichen, Milch mit den Nelkenblütenblättern erwärmen und einige Zeit lauwarm halten, bis sie den Geschmack der Blüten angenommen hat, anschließend abseihen. Gelatineblätter ausdrücken und in der Milch auflösen. Inzwischen die Eier trennen, die Eigelb und den Nelkenblütenzucker mit dem Schneebesen zu einer Creme schlagen, nach und nach zuerst den kompletten Zucker, dann die nicht mehr zu warme Gelatinemilch zugeben. Alles im Kühlschrank halbfest werden lassen. Das Eiweiß zu Schnee schlagen, mit den Schokoladentropfen unter die halbsteife Creme heben und wieder kalt stellen. Zum Servieren mit Kakao bestäuben und mit einer Nelke verzieren.

Nelkenblütensirup

1 l Wasser,
1 kg Zucker,
1 Litermaß ausgezupfte Nelkenblütenblätter,
Saft von 1 Zitrone

Das gleiche Rezept lässt sich auf fast alle Duftblüten anwenden, sehr intensive Aromen wie Lavendel brauchen aber eine geringere Dosierung und eine viel kürzere Ziehzeit. Diese Sirupvarianten bilden die Grundzutat für viele Getränke und verschiedene Speisen.

Wasser und Zucker zusammen so lange erwärmen, bis sich der Zucker vollständig aufgelöst hat und sich erste Bläschen zeigen. Nelkenblüten damit übergießen, Zitronensaft zugeben und zugedeckt über Nacht ziehen lassen. Dann durch ein Tuch abseihen, noch einmal abgedeckt fast zum Kochen bringen und sofort heiß in saubere Flaschen abfüllen und verschließen.

Taglilie

[Hemerocallis spez.]

Zur netten Begrüßung meiner Gäste auf dem Kräuterhof gibt es eine Taglilienblüte für jeden. Ich genieße den Moment, wenn ich dazu sage: »Lassen Sie es sich schmecken!«

Verdutzte Gesichter, verwirrtes und ungläubiges Blicken auf die Blüte ...: »Die kann ich doch nicht einfach essen!« Doch!

Also gut, Schritt für Schritt: Staubgefäße entfernen, nicht weil sie giftig wären, sondern um besser sehen zu können, ob vor uns bereits ein Sechsbeiner Appetit auf das florale Gartenangebot bekommen hat und sich im Kelch verschanzt hält. Gut!

Dann wird eines der Blütenblätter abgebrochen (das allein sieht nicht mehr sooo blumig aus.) und dann spiele ich den Vorkoster. Das motiviert. Der erste Biss: saftig, knackig, salatig ... – und aus den skeptischen Mienen werden erstaunte, erfreute Genießer. Meine Nachbarin, eine 75-jährige Bauersfrau, rief an dieser Stelle sogar: »Man wird alt wie 'ne Kuh und lernt immer noch dazu!«

Der deutsche Name könnte in die Irre führen, denn Lilien (lat. *Lilium*) sind Zwiebelgewächse und gehören zu einer komplett anderen Pflanzenfamilie und auch Schwertlilien (lat. *Iris*) haben botanisch nichts mit der Taglilie gemeinsam. Taglilien sind in Europa und Asien beheimatet, werden vor allem in China sehr geschätzt und in der dortigen traditionellen Medizin wie auch in der Küche verwendet. Dann landen die noch geschlossenen Knospen zusammen mit anderem Gemüse im Wok. Getrocknet kann man die Knospen auch als »lilieflower« in hiesigen Asialäden kaufen. Dann haben sie aber alles eingebüßt, was die frischen Knospen auszeichnet: Farbe, Knack und Geschmack.

Ein Einwand einer anderen Besucherin: »Die blühen doch aber so schön im Garten, die kann man doch nicht einfach fürs Menü ernten!« Auch dieses Argument kann leicht entkräftet werden: Es sind schließlich **Tag**lilien, jede einzelne blüht nur einen Tag, morgen ist sie schon verblüht, macht Platz für die nächste. Kein Grund also, nicht zu ernten. Nur eine kleine Warnung vorneweg: Zügeln Sie beim Ernten Ihren Appetit, denn mehr als drei Blüten pro Mahlzeit haben (zumindest bei mir) den gleichen Effekt wie zu viele reife Kirschen auf einmal ... Aber die sind ja auch nicht giftig.

Garten. Taglilien fehlen in nahezu keinem Garten. Sie sind sehr robust und kommen mit fast allen Standortbedingungen zurecht, nur im vollen Schatten blühen sie nicht gern. Dabei wachsen sie fleißig und verdoppeln ihren Wurzelstock fast jährlich. So wird Ihnen sicher Ihr Gartennachbar ein Stück von seiner Pflanze abgeben, wenn Sie es mal versuchen wollen und zunächst keine großen Sortenansprüche stellen.

Küchentipps. Wichtig: Taglilien »wissen« auch abgepflückt, wann es Abend wird. Laden Sie Ihre Gäste zum Dinner lange genug vor 20 Uhr ein, sonst könnte die Vorspeise welken, wohingegen zum Brunch servierte Blüten echtes Durchhaltevermögen haben – aber auch nur bis zum Abend! Sensationellerweise blühen heute gepflückte Knospen sogar im Gemüsefach morgen früh pünktlich auf.

Irgendwie sollte man es auch schaffen, dass die Gäste den Kelch mitessen. Auch wenn es so aussieht, der untere Blütenteil ist noch nicht Stiel, sondern das knackigste und süßeste an der ganzen Blüte – deshalb aber auch der Teil, in dem die Krabbelkäfer und Ameisen am liebsten sitzen und am schwierigsten zu entmieten sind!

Taglilienblüten mit Oregano-Feta-Creme

↗ siehe Abb.

ca. 15 Taglilienblüten, 200 g Feta, 2 EL abgestreifte Oreganoblüten, 1–2 EL Schmand, Olivenöl

Auf dem Kräuterhof sind die so gefüllten Blüten inzwischen ein Klassiker, den viele unserer Gäste bereits kennen und sehr schätzen ...

Aus den Taglilienblüten die Staubgefäße entfernen und die Blüte auf Käferchen kontrollieren, dann in ein Likörglas setzen. Den Feta zerbröseln, mit einer Gabel gut zerdrücken. Oreganoblüten sehr fein zupfen oder schneiden, zum Feta geben und alles mit Schmand und etwas Olivenöl zu einer Creme verrühren. Die Creme mit einem Spritzbeutel in die Taglilien füllen.

Gebackene Taglilien

↗ siehe Abb.

1 Tasse Rundkornreis, 1 Tasse Meldeblätter, 1 Tasse junge Erbsen (Konserve oder vorgaren) oder zarte Wickensamenschoten, 2 EL Mandelstifte, 1 EL fein geschnittene frische Korianderblätter, Pfeffer, Salz, Curry, 20 Taglilienblüten, 20 Schnittlauchhalme, 1 Ei, 2 gehäufte EL Dinkelmehl (mittelfein), 200 ml dunkles Bier, Öl zum Ausbacken

Wer bereits gefüllte Zucchiniblüten kennt, wird feststellen, dass Taglilien auf diese Weise verarbeitet knackiger bleiben und je nach Farbe auch mehr Geschmack mitbringen. Außerdem gebe ich zu, dass ich davon viel leichter eine genügend große Zahl entbehre als von Zucchini.

Reis in der doppelten Menge Salzwasser kochen und abkühlen lassen. Meldeblätter grob schneiden. Den Reis mit den Erbsen oder Wickenschoten, der Melde und den Mandeln vermengen, Koriander unterrühren und die Füllung kräftig würzen. Taglilienblüten von ihren Staubgefäßen befreien, auf Tierchen kontrollieren und jeweils mit einem Esslöffel der Masse füllen. Die Blüte schließen und mit einem Schnittlauchhalm zubinden. Aus Eiern, Mehl, einer Prise Salz und Bier einen zähflüssigen Teig rühren, die Blüten im Teig wenden und im heißen Öl goldgelb backen. Auf Küchenkrepp abtropfen lassen und noch warm servieren.

Tulpen

[Tulpia spez.]

Den Frühling bringen schon die Winterlinge und Schneeglöckchen in den Garten. Aber die Wärme mitbringen – das schaffen erst die Tulpen. Sie sind die Einladung, endlich wieder einen Stuhl ins (Sonnen-)Licht zu rücken und zu genießen.

Verblüfft und erfreut bin ich immer, wenn ich sehe, dass sie an Stellen im Garten ihre Pracht entfalten, an denen bisher nie Tulpen standen. Mein Mann argwöhnt, das waren Wühlmäuse, aber wir haben doch gar keine. Und würden die die Tulpen nicht eher fressen als sie zu verteilen? Das jedenfalls taten sie im Garten meines Schwiegervaters, wo die prächtigen Frühjahrsblüher – noch ganz im Gartenlook der Siebziger Jahre – in einer schnurgeraden Reihe entlang des Weges blühten. Jeden Tag steckte eine weitere in der Reihe schlapp und welk im Beet, und als ich endlich begriff, dass die Maus wohl jeden Morgen ein Lätzchen umband, ans Ende ihres (Vorrats-)Ganges ging und eine weitere Zwiebel frühstückte, habe ich sie mit frischen zerriebenen Holunderblättern in ihrem Loch geärgert. Das ist ein

Eigentlich stammte die Tulpe aus Innerasien, wurde zur Wappenblume der Osmanenherrscher, gelangte von da in die Kaiserlichen Gärten in Wien und wurde vom dortigen Gärtner an die Universität Leiden in Holland mitgenommen. Hier begannen erste planvolle Züchtungen und die Tulpe wurde schon bald zahlreich in der niederländischen Malerei, auf Vasen, Kacheln und Spitzen dargestellt. Oft waren zu dieser Zeit große Werke der Malerei, die Tulpen darstellten, billiger zu erwerben als einzelne Tulpenzwiebeln. Es entwickelte sich ein »Tulpenwahn«, in dem die Preise und Spekulationen sich selbst überholten. Im Februar 1637 brachen die Kurse schließlich ein, die Preise fielen über Nacht ins Bodenlose, damit hatte die Tulpe quasi den ersten Börsenkrach der modernen Geschichte ausgelöst.

Gestank, der jeder Maus den Appetit verdirbt. Die restlichen Tulpen waren gerettet, der Gang bog umgehend ab – leider in Richtung Iris.

Garten. Kleine spitzblättrige Wildtulpen sind sehr einfach zu kultivieren. Ihre großblumigen und vielfarbig gezüchteten Verwandten dagegen machen etwas mehr Mühe, wenn sie nicht von Jahr zu Jahr blühfauler und weniger werden sollen. Ihre Zwiebel sitzt jedes Jahr etwas tiefer im Boden, sollte also alle paar Jahre im Frühsommer, wenn die Tulpe abgewelkt ist, ausgegraben werden. Sie wird trocken gelagert und im Herbst circa 10 cm tief in gut durchlässigem Boden (ggf. eine Schaufel Sand einmischen) wieder eingesetzt. Dabei können kleine Seitenzwiebeln gleich vereinzelt werden. Samen sollten Tulpen jedenfalls nicht ansetzen dürfen, das kostet die Zwiebel zu viel Kraft.

Küchentipps. In der Küche ergeben die Tulpenblütenblätter vor allem den ersten Farbklecks des Jahres. Ich verwende sie in Salaten und Fingerfood. Wenn es gelingt, den Stempel auszubrechen, ohne dass sich die Blütenblätter mit davon machen, dann ist so eine Tulpe auf dem Likörglas auch ein prima essbarer »Cocktailbecher«.

Gefüllte Tulpenblüten ↗ siehe Abb.

½ Gurke, Salz, 100 g Räucherlachs, ½ Zwiebel, 100 g Sahnejoghurt, Saft von 1 Zitrone, Pfeffer, Salz, 1 TL Dillspitzen, 8 unbehandelte Tulpen

Es ist spektakulär, wenn Gäste kommen und Sie servieren zum Essen, was als Dekoration auch schon auf dem Tisch steht. Ein Tulpenstrauß in der Mitte und auf jedem Platz eine Tulpenblüte mit Salat gefüllt – das vergessen Ihre Gäste nicht so schnell!

Gurke hobeln, salzen und einige Zeit ziehen lassen. Wasser abgießen und auffangen, Räucherlachs zupfen, Zwiebel schälen und würfeln, unter die Gurke mischen. Joghurt mit Zitronensaft und etwas Gurkenwasser anrühren, mit Dill, Pfeffer und evtl. Salz abschmecken und den Salat damit marinieren. Aus den Tulpen Stempel und Staubgefäße ausbrechen, ausspülen und trocken tupfen. Nun die Tulpen auf geeignete Likörgläschen setzen und mit Salat füllen.

Tulpenschiffchen

4 Tulpenblüten, 200 g Ricotta, 2 EL Cashewkerne, Salz, edelsüßer Paprika, einige Spritzer Zitronensaft und etwas Schalenabrieb von 1 Bio-Zitrone, schöne Cashewkerne zum Dekorieren

Um mit Fingerfood Gäste satt zu bekommen, braucht man eine ganze Küchenmannschaft. Aber das Tellerchen zum Naschen, zusammen mit einem Wein, ist machbar und sehr lecker.

Blütenblätter abzupfen. Ricotta ggf. in ein Sieb geben und abtropfen lassen, dann mit den Cashewkernen glatt pürieren und kräftig mit den restlichen Zutaten abschmecken. In einen Spritzbeutel füllen, Masse auf die Blütenblätter aufspritzen und mit den Cashewkernen verzieren.

Frischkäseterrine

↗ siehe Abb.

Blütenblätter von 3 Tulpen,
4 Blatt Gelatine,
300 g Ziegenfrischkäse,
100 g Crème fraîche,
3 EL Öl,
Salz, Pfeffer,
1 EL geriebener Meerrettich,
6–8 Knoblauchraukeblätter,
2 EL Milch

Terrinen sind für mich die beste Art, Frischkäse auf ein Buffet zu bringen.

Rehrücken- oder Kastenform mit Klarsichtfolie auskleiden und den Formboden mit Blütenblättern auslegen, Gelatine in kaltem Wasser einweichen. Frischkäse, Crème fraîche und Öl glatt rühren und mit Pfeffer und Salz würzen. Die Masse teilen, in eine Hälfte den Meerrettich einrühren. Im anderen Teil die Raukeblätter pürieren, 2 Blatt Gelatine mit einem Löffel Milch kurz erwärmen und darin auflösen. Wenig grüne Käsemasse dazu geben und gut verrühren, dann unter den Rest der grünen Käsemasse mischen und gleichmäßig in der Form verteilen. Kalt stellen und mit der zweiten Hälfte der Masse ebenso verfahren, sobald der erste Teil fast fest geworden ist. Erneut kalt stellen, zum Servieren die Terrine stürzen, Folie abziehen und aufschneiden.

Wicke

[Lathyrus latifolius/odoratus]

»Bitte probieren Sie doch eine Wickenblüte«, lade ich meine Gäste ein – und bekomme sofort die Frage gestellt: »Kann man denn die essen?« Ja, ich möchte meine Gäste ja nicht loswerden, sondern hoffe, dass Sie wiederkommen.

Die wilden mehrjährigen Wicken schmecken eigentlich wie Erbsenschoten. Na ja – sie sind ja auch Verwandtschaft. Schon stellt jemand fest: »Und auf dem Teller sehen die sehr hübsch aus.« Das stimmt, aber ich finde, es darf keinesfalls so aussehen, als wären sie nur dazu da, den Teller zu schmücken. Bei nur einer auf dem Gericht schön platzierten Blüte gibt es immer jemanden, der mit spitzen Fingern die Blüte an den Tellerrand befördert. Aber die Blüten sind zum Essen da, deshalb gehe ich nicht sparsam damit um. Schließlich sind Wicken das allerbeste Beispiel dafür, dass man im Garten nicht weniger Blüten hat, weil man sie erntet, sondern mehr. Meine Wicken (genauso wie Ringelblumen, Kosmeen, sogar die Pfingstrosen und viele andere auch) schaffen es einfach nicht, Samen anzusetzen, versuchen es aber immer wieder und blühen und blühen …

Die Familie der Wicken oder auch Platterbsen umfasst mehr als 100 Arten. Für den Garten sind aber nur die Staudenwicke und die einjährige Duftwicke interessant. Staudenwicken zieren Bauerngärten hierzulande schon seit dem 16. Jahrhundert. Der Samen der Duftwicke gelangte aber erst im späten 17. Jahrhundert aus dem südlichen Italien, wo ihre Urform beheimatet ist, nach England. Dort erregte die pflegeleichte, duftende Schönheit schnell Aufmerksamkeit und eroberte bald Liebhaber- und Bauerngärten. Seit über 100 Jahren gibt es in England bereits eine nationale Duftwicken-Gesellschaft, die ältesten der heute noch angebauten Sorten stammen ebenso von der Insel, aber auch viele der modernen Sorten.

Garten. Wenn die rasch wachsenden Kletterpflanzen nach den Eisheiligen an Ort und Stelle ausgesät sind, erklimmen sie im Frühsommer schnell mannshohe Kletterhilfen, wenn sie Schnecken und Tauben zum Trotz erstmal über das Keimlingsstadium hinaus gelangen konnten. Dazu geben sie sich recht anspruchslos eigentlich mit jedem Platz im Garten zufrieden, wenn er nur nicht zu trocken, staunass oder gar komplett schattig ist. Leider sind bei uns heute meist nur bunte Sortenmischungen zu kaufen. Wer an besonders gut duftenden Sorten interessiert ist, muss etwas mühsam, eventuell im Internet Ausschau halten und die Sortenbeschreibungen genau lesen, denn die Duftintensität ist je nach Sorte sehr verschieden.

Küchentipps. Einjährige Duftwicken geben ihren betörenden Duft wie andere Duftblüten an Sirup, Bowle und andere Zubereitungen ab, lassen Sie sich also auch von den Rezepten mit Pfingstrosen und Nelken und Ihrer eigenen Phantasie inspirieren. Staudenwicken haben keinen Duft und der Geschmack nach Erbsenschoten macht sie quasi zum Blütengemüse. Allerdings halten die zarten Wesen keine Hitze aus und dürfen darum warmen Speisen erst im letzten Moment zugefügt werden. Im Salat dagegen erweist sich ihr Farbstoff gern als Indikator und tendiert vom Rosa zum Lila. Fast noch besser verarbeiten lassen sich die ganz jungen zarten Schoten, die aber schnell zäh sind und deshalb rechtzeitig geerntet werden müssen.

Orangen-Wickencreme

1 Litermaß ausgezupfte, gut duftende Wickenblüten, 250 ml Sahne, 4 Blatt Gelatine, 250 ml Orangensaft, 4 Eigelb, 50 g Zucker, 1 Msp. Orangenschalenabrieb, Salz

Wie bei so vielen meiner Rezepte trägt die Orangencreme eigentlich auch immer den Duft, den mir der Garten gerade bietet, je nach Jahreszeit. Einfacher und sogar wintertauglich wird es, wenn man hausgemachten Duftzucker verwendet.

Die Hälfte der Blüten möglichst schon am Vortag mit der Sahne übergießen und wieder kühl stellen. Gelatine in kaltem Wasser einweichen. Die restlichen Wickenblüten in den Orangensaft geben, zusammen erwärmen, vom Feuer nehmen und 15 Minuten ziehen lassen. Wicken abseihen, jetzt darf der Saft nur noch handwarm sein. Eigelb und Zucker zufügen und über einem heißen Wasserbad so lange aufschlagen, bis die Masse Struktur bekommt. Gelatine darin auflösen und kalt stellen. Inzwischen die Duftsahne mit dem Orangenschalenabrieb und einer Prise Salz verrühren und steif schlagen. Sahne vorsichtig unter die halbsteife Masse heben und endgültig fest werden lassen.

Duftwicken-Apfel-Gelee

500 ml Apfeldirektsaft, ½ Litermaß ausgezupfte, gut duftende Wickenblüten, Saft von 1 Zitrone, 15 g Pektin, 250 g Zucker

Herrlich, wenn sich der Gartenduft schon auf dem Frühstücksbrötchen breit macht! Bei der Zubereitung probiere ich nach dem Abseihen grundsätzlich, ob der Wickenduft kräftig herausschmeckt. Falls nicht, erwärme ich den Saft erneut und lasse ihn mit weiteren Wicken ein zweites Mal ziehen.

Apfelsaft erwärmen, Blüten einrühren und abgedeckt 15 Minuten ziehen lassen. Abseihen, Zitronensaft zufügen. Pektin und 2 EL Zucker gut vermischen, in den Saft einrühren und sprudelnd aufkochen lassen. Erst dann den restlichen Zucker zufügen und auflösen. Zügig abfüllen, Gläser schließen und für einige Minuten auf den Kopf stellen.

Linsen-Wicken-Salat

↗ siehe Abb.

400 g rote Linsen, 200 g gekochter Schinken, 1 Strauß nicht duftende Staudenwicken, 1 Handvoll Meldeblätter, Grün von 4 Zwiebeln

Dressing:
1 EL milder Senf, 2 EL Kräuteressig, 150 ml Rapsöl, Pfeffer, Salz

Bei einem der Kochkurse gestand jemand, als der Teller schon fast leer war: »Eigentlich esse ich keine Linsen! Aber das ist richtig gut!« Freut mich, dafür ist es aber wichtig, dass die Linsen ganz bleiben. Die haben eine so kurze Garzeit, dass ich sie, anders als sonst bei Hülsenfrüchten, in Salzwasser gare und anschließend gut und komplett abschrecke, um den Garprozess zu unterbrechen. Linsenmatsch schmeckt nicht im Salat!

Kleine rote Linsen in Salzwasser gar kochen und unter fließend kaltem Wasser auskühlen lassen. Gekochten Schinken in feine Würfel schneiden, Staudenwickenblüten auszupfen, Melde gut waschen und schneiden, Zwiebelgrün in Ringe schneiden. Alle Zutaten miteinander mischen.
Für das Dressing Senf mit Kräuteressig, und einem kleinen Schluck Wasser verrühren. Unter ständigem Rühren Öl langsam einlaufen lassen, bis ein sämiges Dressing entstanden ist. Mit Salz und Pfeffer abschmecken und den Salat marinieren.

Möhren-Wicken-Reispfanne

80 g Rosinen, 50 g getrocknete Berberitzen, 250 g Basmatireis, 1 Zwiebel, gewürfelt, Butterschmalz, 200 g Möhren, gestiftet, 100 g Mandelstifte, 200 ml Gemüsebrühe, 1 Litermaß ausgezupfte Duftwicken, Pfeffer, Salz, Kardamom, Muskatblüte

Versuchen Sie das Rezept in der Nicht-Wickenzeit auch mal mit einigen Duftgeranienblättern!

Rosinen und Berberitzen mit heißem Wasser übergießen und Reis in Salzwasser kochen. Zwiebelwürfel in Butterschmalz anschwitzen, Möhren und Mandeln zugeben, kräftig anbraten, mit der Gemüsebrühe ablöschen und im offenen Topf 5 Minuten dünsten. Früchte abgießen, mit dem Reis und den Wickenblüten vermischen und zum Gemüse geben. Mit Pfeffer, Salz, etwas Kardamom und gestoßener Muskatblüte abschmecken.

Die volle Ernte

Verblüffende Nutzpflanzenausbeute

Angebaut wird in unseren Gärten heute fast ausschließlich domestiziertes Obst und Gemüse, das – oft ein ganzes Gartenjahr – Pflege braucht und dann meist nur eine einzige Ernte liefert. Doch ein Erfolgserlebnis so zwischendurch ist doch auch mal schön, oder?

Meistens ist gar nicht mehr bekannt, dass Obst und Gemüse oft mehr Verwertbares bieten als nur den herangezogenen Teil. Ich ernte regelmäßig großes Erstaunen, wenn ich Blumenkohlblätter oder auch die Schalen von Sellerie und Kohlrabi zu einer Gemüsebrühe koche, ohne dass ich dazu die leckere Knolle bereits verwerten muss! Aber ein Kohlrabiblatt ist ein wunderbares Kohlblatt, das sich zu Krautrouladen genauso gut wie Weißkohl eignet. Und Möhrenblätter sind schmackhaftes Grün, das zu fast allen grünen Rezepten taugt, die Sie in diesem Buch bei den Wildgemüsen finden! Rote Beete ist mit Mangold eng verwandt – ihre Blätter und vor allem die leckeren Blattstiele lassen sich auch entsprechend verwenden … Diese Reihe ließe sich noch problemlos fortsetzen, findet jedoch ihre Grenzen dort, wo giftige Inhaltsstoffe in den bisher ungenutzten Pflanzenteilen das verbieten. Viele fragen mich: »Woher soll ich wissen …« Hier will ich Mut machen und behaupte einfach, Sie wissen schon so Einiges. Zum Beispiel, dass man von Nachtschattengewächsen die grünen Pflanzenteile wegen des enthaltenen Solanins meiden muss, dass also Tomaten-, Kartoffel- und Paprikapflanzen auch weiterhin unangetastet bleiben. Bekannt ist wohl auch, dass Bohnen nicht roh gegessen werden dürfen, dann lasse ich zur Vorsicht auch die Blätter komplett unberührt. Am besten, man testet sich in kleinen Schritten voran – immer vom Bekannten aus. Nutzen Sie, was Ihnen Ihr Garten schenkt, manchmal sogar auf verblüffende Art!

Beerensträucher

Schade, dass die Erntezeit für süße Gartenfrüchte immer zu kurz ist! Ich hätte gerne länger als zwei Wochen die Chance, beim Vorbeistreifen an der Himbeerhecke zu naschen.

Zumindest bei den Walderdbeeren gelingt das ja sogar über vier Wochen. Aber alles hat seine Zeit – und immerhin wechselt einer den anderen ab. In meinem Garten ist leider oft nicht viel mehr als Naschen möglich, die Tagesausbeute ist selten mehr als eine Müslischüssel voll. Manchmal reichen die Erdbeeren auch für eine Torte ... Aber danach ist mit den Beeten nicht mehr viel anzufangen.

Bis auf die Blätterernte. Ich fand es ja schon immer schade, mich nach der Ernte entweder für die Erdbeermutterpflanzen oder ihre zahlreichen Senker und ein neues Beet entscheiden zu müssen. Alles andere muss eben weg, wenn der Garten nicht jedes Jahr größer wird – doch seit einigen Jahren nicht mehr auf den Kompost! Hausgemachter Schwarztee ist nämlich eine Wucht! Und dafür kommen mir die dunkelgrünen Sommerblätter von Erdbeeren und Brombeeren gerade recht – je derber, umso gehaltvoller und duftender wird der Tee nach dem Fermentieren sein!

Garten. Nach der Ernte ist die Arbeit nicht vorbei! Sommerhimbeeren und auch Brombeeren tragen ausschließlich am zweijährigen Holz. Nach der Ernte müssen abgeerntete Triebe komplett herausgeschnitten werden, um neu gewachsenen Ruten für das nächste Jahr genügend Raum und Licht zu verschaffen. Erdbeeren beginnen nach der Ernte, zahlreiche Tochterpflanzen zu bilden, die aus dem Beet genommen werden müssen. Für die Neuanlage eines Erdbeerbeetes sollten möglichst nur die ersten, kräftigsten Ableger verwendet werden, die der Mutterpflanze am nächsten stehen. Etwa alle 2 bis 3 Jahre sollten die Mutterpflanzen auf jeden Fall ersetzt werden, sonst lässt der Ertrag nach.

Küchentipps. Die Blätter einiger Rosengewächse – Himbeere, Brombeere und Erdbeere – sind ein wunderbarer »Alle-Tage-Haustee«, denn wirklich inhaltsstoffreiche wirksame Tees sollten ja nicht über längere Zeit getrunken werden, wenn man keine Heilwirkung beabsichtigt. Dann ist es besser, getrocknete Blätter vom Beerenobst unterzumischen. Für Kräutertee sammelt man die voll entwickelten, ausgereiften, aber noch nicht lederig-grünen Blätter und breitet sie zum Trocknen aus – selbstverständlich wie bei allen Tees handverlesen, aber ungewaschen.

Hauseigenen Schwarztee herzustellen, ist da schon etwas schwieriger – und hier kommen mir die dunklen, gehaltvollen Sommerblätter gerade recht.

Beerenblätterschwarztee

Die geernteten Blätter vorzubereiten, macht wirklich einige Arbeit und braucht Kraft. Deshalb ist die Ausbeute in keinem Jahr groß genug, davon etwas im Hofladen zu verkaufen. Und wer damit von mir beschenkt wird, muss das wirklich zu schätzen wissen, denn eigentlich ist dieser »Kräuterhof-Earl Grey« schon für mich immer zu wenig!

Brombeer-, Erdbeer- oder Himbeerblätter, möglichst ausgereift und dunkelgrün, vom Blattstiel befreien, in einer dünnen Lage ausbreiten und mit dem Nudelholz kräftig walken, damit die Blätter die Spannkraft verlieren und möglichst alle Zellen gebrochen sind. (Je kräftiger und geduldiger man bei diesem Schritt ist, desto besser das Ergebnis.) Anschließend werden die Blätter leicht mit Wasser besprüht, übereinander gepackt und in ein nasses, aber gut ausgewrungenes Geschirrtuch stramm eingewickelt. Dieses Paket wird in einen Plastikbeutel gelegt und dicht verschlossen. Nun muss es für 3 Tage möglichst gleichmäßig schön warm liegen. (Ich achte schon vor dem Zubereiten auf sehr gute Wetterprognosen für die nächsten Tage und bringe das Päckchen in einem Steinguttopf mit Deckel auf den Dachboden – der Topf gleicht die Tag- und Nachtschwankungen aus.) Wenn Sie anschließend den Beutel öffnen, steigt Ihnen ein wunderbarer Duft in die Nase! Nun muss das Ganze aber noch gut ausgebreitet und schnell getrocknet werden – wie alle Tees an einem nicht zu warmen, aber luftigen Ort ohne Sonne.

Hopfen

[Humulus lupulus]

Ich weiß, dass Männer die Geschichte nicht besonders mögen. Trotzdem: Früher waren die Frauen auch die Herrinnen über den häuslichen Getreidevorrat und trafen die Entscheidung, ob damit für die Kinder Brot gebacken oder Bier gebraut werden sollte (und damit für den Spaß und vielleicht noch mehr Kinder ...).

In dieser Zeit brauten die Frauen auch noch selbst und das Getränk war nur etwas für besondere Anlässe. Meistens mischten die Frauen dann Anregendes wie Bilsenkraut und ähnliche bitter-betörende Pflanzen unter. Als jedoch die Mönche mit der Bierbrauerei begannen, waren sie auf alles Mögliche, aber nicht auf diese Art Anregungen aus. So wurde als bitter würzende und konservierende Zutat das Hanfgewächs Hopfen gewählt. Er enthält so viel Phytoöstrogene, dass die abtörnende Wirkung bei Dauergenuss wohl den Volksnamen »Mönchsriemen« für den Hopfen mit hervorbrachte – neben der Möglichkeit natürlich, mit den langen reißfesten rauen Ranken die Mönchskutten zu gürten.

Hopfen ist zweihäusig, es gibt also männliche und weibliche Pflanzen. Um die Zapfen zu ernten, werden selbstverständlich nur weibliche, also fruchttragende Pflanzen kultiviert. Da aber wertvoller Brauhopfen aus den unbefruchteten Zapfen besteht – in diesen ist der Gehalt an wertvollen ätherischen Ölen und anderen Inhaltsstoffen am reichsten – sorgen Hopfenbauern möglichst auch dafür, dass sich kein wild gewordener Hopfenmann in die Nähe wagt, das könnte die Erntequalität ruinieren. So werden im großen Umkreis um Hopfenfelder wilde Pflanzen in Feldrainen und Gebüschen möglichst ausgerottet.

Garten. Hopfen ist eine Kletterpflanze, die eine Kletterhilfe benötigt. In der Natur nutzt er dafür Sträucher und kleine Bäumchen, vor allem aber seinen noch nicht verrotteten Vorjahresaustrieb, um den er sich herumschlingt, um Höhen von bis zu 6 Meter zu erreichen. Anders als bei Klematis oder Weinreben, die Blattranken ausbilden, um sich festzuhalten, windet sich der gesamte Hopfentrieb selbst um seine Kletterhilfe – und das immer im Uhrzeigersinn. Hopfen erklimmt im Frühsommer innerhalb von 3 Wochen bis zu 8 Meter, kann also einen prima Sichtschutz ergeben, aber im Herbst stirbt er vollständig wieder ab. Dabei wird die Zahl der Triebe in jedem Frühjahr zahlreicher, und in engen Gärten ist auch Vorsicht geboten, denn die Triebe und Blätter sind recht rau.

Küchentipps. Küchentauglich sind am Hopfen – wenn man von den Zapfen für die Bierherstellung absieht – leider nur die ganz jungen frühlingszarten Sprossen, am besten nicht viel länger als 10 cm. Jeder Tag und jeder Zentimeter Wachstum lässt sie ein bisschen stabiler, also rauer von außen, zäher von innen und damit ungenießbarer werden. Ganz jung aber kann man sie wunderbar wie grünen Spargel verwenden – ohne zu schälen!

Puten-Hopfenspargel-Terrine

↗ siehe Abb.

500 g zarte Hopfensprossen, 500 g Putenbrustfilet (gut gekühlt), 250 ml kalte Sahne, 2 Eier, Pfeffer, Salz

Wurst selbst zu machen ist mühsam, aber versuchen Sie es mit einer Terrine! Sie ist eine gute und machbare Alternative und die Qualität von deren Zutaten können Sie selbst beeinflussen. Natürlich bereite ich dieses Rezept später im Jahr auch mit verschiedenen Blattstielen, Nachtkerzenknospen und anderem Gemüse zu.

Backofen auf 150 °C vorheizen. Dabei bereits die Fettpfanne auf einer unteren Schiene einschieben, mit Wasser füllen und mit aufheizen. Hopfensprossen in Salzwasser für wenige Minuten garen. Putenbrust und Sahne portionsweise im Mixer pürieren. Kräftig pfeffern und salzen und mit den Eiern gründlich verrühren. Eine Kastenform fetten, Farce abwechselnd mit dem Hopfen einschichten, mit Farce beginnen und abschließen. Die Form mit Alufolie verschließen und im vorgeheizten Backofen in das Wasserbad stellen und etwa 60 Minuten garen. Mit einem Metallspieß durch den Deckel in die Terrine stechen, mit den Fingern die Temperatur des Spießes prüfen, ist er heiß, kann die Terrine aus dem Ofen. Gut gekühlt servieren.

Hopfensprossensuppe

1 Sellerieknolle, 1 Zwiebel, 2 EL Butter, 200 ml Gemüsebrühe, 1 große Handvoll zarte Hopfensprossen, 2 EL Schmand, Salz und Pfeffer

Ganz zarte Hopfensprossen haben nur eine sehr leichte Bitternote, sind aber viel aromatischer als zum Beispiel weißer Spargel. Deshalb passen Schwarzbrotcroûtons oder auch geröstete Schinkenwürfel sehr gut dazu – und natürlich ein Bier ...

Sellerie und Zwiebel schälen und würfeln, beides in der Butter leicht anbraten und mit der Hälfte der Gemüsebrühe ablöschen. Vom Hopfen die unteren Teile abschneiden, dem Suppenansatz zufügen und alles 10 bis 15 Minuten weich dünsten. Die Hopfenspargelspitzen in der restlichen Brühe kurz bissfest garen. Sellerie-Hopfenbrühe fein pürieren, mit weiterer Brühe und Schmand zu einer glatten Suppe rühren, mit Salz und Pfeffer abschmecken. Hopfenspitzen zufügen und noch kurz durchziehen lassen.

Käsekastenbrot

100 g Hopfensprossen, 400 g Mehl, 5 Eier, 300 ml Sonnenblumenöl, 100 ml Weißwein, 1 TL Backpulver, 100 g geriebener Hartkäse, 3 EL Sonnenblumenkerne, 100 g gekochter Schinken, Salz

So ein herzhafter Kuchen ist einfach die beste Art, Proviant zum Wandern oder für die nächste Radtour mitzunehmen! Der Inhalt muss ja längst nicht nur Hopfen sein …

Backofen auf 180 °C vorheizen. Hopfensprossen in Salzwasser einige Minuten garen, in grobe Stücke schneiden. Mehl, Eier, Öl, Wein, Backpulver und Käse zu einem geschmeidigen Teig verrühren, Sonnenblumenkerne grob hacken und einrühren, Schinken würfeln und zusammen mit den Hopfensprossen unter den Teig heben. Kastenform fetten, Masse einfüllen und im Backofen ca. 50 Minuten backen (Stäbchenprobe machen!).

Meerrettich

[Armoracia rusticana]

»Essen Sie auch mal was Richtiges – Schnitzel oder Roulade?« fragte mich ein Herr. Natürlich, aber das Schnitzel wird nicht nur mit Semmelbröseln paniert, das wäre mir zu langweilig, und auch die Roulade enthält sicher noch andere Sachen als bei dem fragenden Herrn.

Was? Das hängt ganz von der Jahreszeit und meinen »Begegnungen« im Garten ab. Zum Beispiel passt doch ein Meerrettichblattstiel ganz hervorragend in die klassische Roulade. Damit ist es wahrscheinlich wieder kein »normales« Essen, aber doch wenigstens »was Richtiges«, eine Fleischportion, die alle Vorurteile entkräften kann, oder? Wenn die Gäste dann auf unserem Gartenrundgang ein Blattstück kosten, gesteht so mancher: »Den hätte ich nicht erkannt, den kenne ich nur gerieben im Glas. Aber das Blatt schmeckt genauso.« Wer hätte das gedacht? Und es eignet sich prima für die Küche!

Woher der Name stammt, ist übrigens nicht mehr zu klären, meine Lieblingsversion lautet »von mehr Rettich«, denn er ist nicht nur viel wüchsiger, sondern auch viel würziger als Rettich.

Garten. Meerrettich mit seinen vielen Seitenwurzeln ist nicht wieder auszurotten, wenn er sich ein Plätzchen erstmal erobert hat. Deshalb sollte er bei einer Neupflanzung eher neben das Wasserfass, unter die Beerensträucher oder an einen anderen feucht-sonnigen Standort, aber nicht auf das Gemüsebeet gesetzt werden.

Die in der Pflanze enthaltenen Senfölglykoside entfalten ihre antibiotische Wirkung nicht nur bei Verwendung in der Hausapotheke. Sie halten auch die Pflanze selbst gesund – Meerrettich wird nur selten angefressen, leidet nicht unter Pilzbefall oder anderen Pflanzenkrankheiten und wirkt sogar bei einigen »Nachbarn«. So lässt sich die insbesondere bei Sauerkirschen gefürchtete Monilia-Spitzendürre sehr

gut mit Meerrettich behandeln. Am besten pflanzt man ihn direkt unter den Baum in seinen unmittelbaren Wurzelbereich. Geht das nicht oder sollte es noch nicht ausreichen, spritzt man den ganzen Baum mehrmals im Frühling mit einem starken Meerrettichtee. Das kann zwar den Rückschnitt befallener Zweige auch nicht ersetzen, aber Sie werden viel weniger Neubefall haben – völlig ohne Chemie. Unsere Bäume heilten auf diese Weise nach ein paar Jahren sogar komplett aus!.

Küchentipps. Getrocknet oder gekocht verlieren die Senföle leider viel von ihrer würzigen Kraft. Am besten verarbeitet man Meerrettich frisch, aber wer das mal gemacht hat, weiß von tränenden Augen und einer Triefnase zu berichten: Die Luft in der Küche beißt! Damit aber die Schärfe im Essen und nicht in der Küche oder den Augen landet, ist es viel besser, handliche, geputzte Stücke einzufrieren. Im Gegensatz zu Hitze halten die Inhaltsstoffe Frost nämlich sehr gut aus, bleiben erhalten und werden, wenn man ein noch leicht gefrorenes Stück reibt, auch nicht so einfach freigesetzt. Das geschieht dann erst im Essen. Meerrettich wird warmen Speisen auch erst kurz vor dem Servieren zugefügt! Und nicht vergessen: Beim ersten Bissen in die Gesichter der Gäste schauen … Es ist wunderbar zu sehen, wie sich die Schärfe von innen einen Weg durch die Nase Richtung Tränendrüsen kämpft!

Meerrettich-Käsehappen

↗ siehe Abb.

250 g junger Gouda im Stück, ausreichend Meerrettichblätter und Zahnstocher, 1 l Wasser, ¼ l Spritessig (10%ig), 2 gestr. EL Zucker, 1 gehäufter EL Salz, 1 große Zwiebel, 2 Lorbeerblätter, 1 Gundermannranke (ca. 10 Blätter)

Süß-saure Käsehappen sind einer unserer Dauerbrenner und werden von mir sehr gern auf Käseplatten serviert oder als Mitbringsel zu Grillpartys bei Freunden mitgenommen. Die Sorte des verwendeten Käses variiert dabei ebenso wie die Ummantelung – es eignen sich auch zarte Blätter von Linde, Kapuzinerkresse, Wiesenknöterich oder Huflattich.
Allerdings können Meerrettichblätter wie auch Huflattich recht derb sein. In diesem Fall sollte man sie vor der Verwendung mit kochendem Wasser übergießen und für einige Minuten ziehen lassen.

Zarte Meerrettichblätter von der Mittelrippe befreien und in Streifen schneiden (gegebenenfalls mit kochendem Wasser übergießen und 3–5 Minuten ziehen lassen). Den Käse in mundgerechte Stücke würfeln und jedes in einen Blattstreifen einrollen. Mit einem Zahnstocher fixieren und zusammen mit Zwiebel, Lorbeer, Gundermann und den grob geschnittenen Blattrippen in einen Tontopf geben. Das Wasser zusammen mit den restlichen Zutaten soweit erhitzen, bis sich Zucker und Salz komplett aufgelöst haben und ein klarer Sud entstanden ist. Unbedingt abkühlen lassen und dann über die Käsehappen gießen, bis alles bedeckt ist. Nun werden die Würfel mit einer Untertasse bedeckt und damit untergetaucht. Das Ganze muss mindestens 3 Tage marinieren.

Meerrettichnocken

100 g Mehl, Salz, 1 ½ EL Butter, 2 Eier, ½ Tasse feingewiegte zarte Meerrettichblätter, 1 l Gemüse- oder Rinderbrühe

Da Meerrettichblätter ohnehin viel weniger scharf sind als die Wurzel und beim Kochen auch noch ein wenig einbüßen, bleibt eine wunderbar dezente Meerrettichnote, die nicht nur in Brühe, sondern auch zu Rinderrouladen sehr gut schmeckt.

Alle Teigzutaten zu einem glatten Teig verkneten, mit feuchtem Teelöffel Nocken abstechen, in kochendem Salzwasser ca. 5 Minuten gar ziehen. In klarer Brühe servieren.

Obstbäume, Zierobst

Wer isst schon Obstbaumblüten, schließlich will man ja die Früchte ernten! Und überhaupt – kann man denn die auch essen? Tja, fast immer gilt: Essbare Pflanzen haben auch essbare Blüten, und wenn wir die Früchte essen können, sind normalerweise auch die Blüten für die Küche zu verwenden.

Das ist vor allem dann besonders nützlich, wenn die Früchte, die aus den Blüten entstehen würden, sowieso nichts taugen. Unseren Garten begrenzte lange Zeit ein Vogelkirschbaum. Seine vielen tausend winzigen, pelzig schmeckenden Steinfrüchtchen erfreuten bestenfalls die Stare (natürlich erst, wenn der gute Kirschbaum leer gefressen war!), für uns war das nichts! Dafür musste ich mit seinen zart duftenden Blüten nicht sparsam sein. Und auch der kleine Apfelbaum trug immer an einer Stelle gleich 3 bis 4 Äpfel – so dicht, dass alle klein blieben und sich gegenseitig mit Faulstellen ansteckten. Es half nichts, man musste sie auspflücken. Das taten wir natürlich nicht erst, wenn mit den unreifen Minifrüchten nichts anzufangen war, sondern eroberten bereits einen Teil der Blüten, um sie gleich mit in die Küche zu nehmen!

Wenn sich dann aber an der rotblättrigen Blutpflaume, an der Scheinquitte und am Zieräpfelchen Minifrüchte entwickelt haben, sind diese Früchte für mich viel mehr als Zierde. Unser Quittenlikör kommt nicht ohne einige Zierquitten aus, um sein volles Aroma zu entwickeln, und die wilden kleinen Äpfelchen werden als »mixed pickles« sehr geschätzt.

Garten. Oft sind in den letzten Jahren Zier- und Wildobstgehölze rund ums Eigenheim gepflanzt worden, weil sie ungiftig (wegen der Kinder), pflegeleicht und meist nicht so raumgreifend sind. Richtiger Ertrag stellt sich aber erst nach einigen Jahren ein. Wirklich schade, wenn der Gärtner dann schon vergessen hat, dass sie auch nutzbar sind! Die meisten bedürfen

dabei keiner besonderen Pflege, sind robust und ertragen auch Rückschnitte gut.

Küchentipps. Interessant ist an Obstblüten, dass bereits der Fruchtknoten eine Idee der Frucht verkörpert, die daraus werden wollte. Birnenblüten schmecken süßer, Quittenblüten herber, Apfelblüten je nach Sorte sogar schon ein wenig säuerlicher als die ein wenig an Mandeln erinnernden Kirsch- und Pflaumensorten.

Obstblüten welken schnell und sollten deshalb nur ganz frisch verarbeitet werden. Um sie noch zu lagern, muss man schon ganze Zweige schneiden und in die Vase stellen.

Die Wild- und Zierformen unserer Obstsorten enthalten fast immer viele Gerbstoffe, mehr Fruchtsäuren, auch Bitterstoffe, aber weniger Zucker. Bitterstoffe lassen sich gegebenenfalls durch das Übergießen mit lauwarmem Essigwasser mindern, Gerbstoffe werden bei mehrmaligem kurzzeitigem Einfrieren zu Zucker verstoffwechselt (der dann einen Frostschutz bilden soll) und der richtige Erntezeitpunkt ist bei den Wilden sehr entscheidend. Zwischen »noch unreif« und »fast Matsch« liegen nämlich manchmal nur ein bis zwei Tage.

Apfel-pickles

(für ca. 5 Schraubgläser à 750 ml Inhalt)
1 l Wasser, ½ l weißer Weinessig, 2 EL Salz, 1 EL Zucker,
1 kg sehr kleine Zieräpfel,
5 Zweige Edeleberraute,
5 walnussgroße Stücke frische Meerrettichwurzel,
10 Gewürznelken

Eigentlich ist dieses Rezept aus einer Verlegenheit entstanden, als der MDR für eine Apfelwoche nach Ideen für Apfelrezepte fragte und ich dachte: »Wie langweilig.« Also habe ich stattdessen mit Zieräpfeln losprobiert und schon die ersten Proben kamen gut an!

Wasser, Essig, Salz und Zucker erwärmen, bis sich Zucker und Salz aufgelöst haben. Inzwischen die Gläser mit den Äpfelchen und je einem Stück Eberraute, Meerrettich und Nelke füllen, mit dem Essigwasser übergießen, zudrehen und in die Fettpfanne des Backofens stellen. 1 l Wasser angießen und bei 120 °C 90 Minuten einkochen. Die Zeit ist sehr von der Sorte abhängig und muss erprobt werden. Anschließend in die Schraubgläser füllen.
Variante: Roten Weinessig verwenden und zu den Äpfelchen Knoblauch, Lorbeer, etwas Chili und Bio-Zitronenzesten geben.

»Kirschpflaumenleder«

wilde Mirabellen bzw. Kirschpflaumen,
evtl. feiner Zucker oder gemahlene Mandeln

Wenn Sie wilde Mirabellen vom Feldrand holen, probieren Sie sich durch! Für dieses Rezept ist es am günstigsten, wenn sie recht mehlig und fast süß-fade sind. Fruchtsäuren sitzen besonders in der Schale, werden in rohem Zustand oft gar nicht deutlich herausgeschmeckt, gehen aber beim Kochen ins Fruchtmus über – und dann wird statt süßer Speise ein »Fratzenzieher« draus.

Mirabellen entkernen, langsam im eigenen Saft (ggf. mit einem kleinen Schluck Wasser zum Anfang) aufkochen und bei offenem Deckel unter ständigem Rühren so lange weiterkochen, bis der Saft weitgehend verkocht ist. Anschließend die Masse pürieren, jetzt sollte ein sehr strammes Mus entstehen. (Nicht zu früh pürieren, denn das Mus lässt sich nur noch sehr schwer weiter eindicken, ohne anzubrennen oder die Küche zu bespritzen.) Das Mus auf einem mit Backpapier belegten Blech etwa 1 cm dick gleichmäßig ausstreichen und zunächst für mindestens 3 Stunden bei 50 °C im Backofen antrocknen – dabei muss ein Holzlöffel die Backofentür leicht geöffnet halten. Wenn sich die Oberfläche angetrocknet anfühlt, kann man in der Sonne oder besser auf der Heizung oder am Ofen weitertrocknen. Nach 1 bis 2 Tagen sollte man das Ganze wenden und das Backpapier abziehen, um alles durchzutrocknen. Schließlich werden Rauten geschnitten, je nach Geschmack in feinem Zucker oder gemahlenen Mandeln gewendet, damit nichts klebt und luftdicht verpackt.

Obstsalat mit Blüten

Saft von 1 Zitrone, 3 EL (Obst-)Blütensirup (Rezept siehe S. 123), 8 cl Obstbrand, ½ Tasse Rosinen, 1 Banane, 1 Apfel, 1 Pfirsich, 2 Scheiben Ananas, 2 Tassen Obstbaumblüten je nach Angebot, 100 ml Apfelsaft

Heute ist fast alles jederzeit zu haben, das macht auch unzeitgemäße Variationen möglich. Beim Einkauf sei aber ein Blick auf das angegebene Herkunftsland und ein dem Gewissen folgendes Abweichen vom Rezept gestattet und erwünscht!

Zitronensaft, Sirup und Obstbrand mischen, die Rosinen für eine halbe Stunde darin einweichen. Obst schälen, klein schneiden und mischen. Apfelsaft und Rosinenmischung sowie die Obstblüten zugeben und alles gut unterheben.

Obstblüteneiswürfel

Obstblüten nach Wunsch

Ein wunderbarer »Hingucker« in jedem Cocktail- oder Limonadenglas! Am besten Sie verwenden auch einige farbige Blüten wie Zierquitten und mogeln vielleicht noch ein paar Veilchen mit hinein!

Eiswürfelbehälter zu etwa einem Drittel mit Wasser füllen, Blüten aufsetzen und einfrieren. Nach etwa zwei Stunden können die Formen komplett gefüllt werden, ohne dass die Blüten aufschwimmen und durchgefroren werden.

Radieschen

[Raphanus sativus/candatus]

Es gehört wohl zu »Murphys Gesetz«, wenn ein Radieschen in der Reihe schießt, dann tun es alle. Der Gärtner versucht dann, die noch gut aussehenden für den Abend zu bergen und reißt alle anderen raus – natürlich leise fluchend oder auch lauter schimpfend.

Dabei gehen wir in den Garten doch zum Genießen und nicht zum Ärgern!

Machen Sie aus der Not einfach eine Tugend: Lassen Sie die Radieschen drin. Es wird gar nicht lange dauern und sie fangen an zu blühen – und die Blüten schmecken auch wie Radieschen! Wenn Sie trotzdem ein paar Blüten dran lassen, können Sie schon bald die ersten Samenschoten ernten und genießen. Auch da ist aber eine rechtzeitige Ernte wichtig, denn die können genauso pelzig oder holzig werden, wie man das von Radieschen kennt. Immerhin, so viel Ernte von einem einzigen Radieschen war nie – und schon gar nicht um diese Jahreszeit! Und so haben Sie kleine Leckereien zum Butterbrot, im Salat oder sogar süß-sauer eingeweckt.

Garten. Inzwischen gibt es sogar Saatgut für »Rattenschwanzradieschen« zu kaufen – eine Züchtung, die gar nicht erst versucht, Knollen zu bilden, deren Samenschoten dafür aber sehr groß und saftig sind und viel weniger schnell holzig werden. In beiden Fällen muss man aber rechtzeitig ans Anbinden denken, denn es ist enorm, was für eine stattliche Pflanze aus einem einzigen Radieschen werden kann.

Küchentipps. Auch die Samenschoten von Radieschen werden mit zunehmender Samenreife holziger, wie der eine oder andere das von Erbsenschoten bereits kennt. Frühzeitiges Ernten ist für den Genuss also auch hier wichtig. Die Verarbeitung kann man recht gut mit Erbsenschoten vergleichen – sie schmecken aber natürlich nach Radieschen. Sie lassen sich blanchiert auch einfrieren, ansonsten aber nicht allzu lange lagern.

Süß-Saure Rattenschwänze ↗ siehe Abb.

1 l Wasser, ½ l Weinessig, 2 gestr. EL Zucker, 1 gehäufter EL Salz, 1 große Zwiebel, 1 Gundermannranke (ca. 10 Blätter), 1 EL Senfsaat, 1 Stängel Estragon, ca. 750 g Radieschensamenschoten

Wer sucht nicht gelegentlich nach Mitbringseln oder Kleinigkeiten zum Verschenken – am besten hausgemacht und aus dem eigenen Garten? Hier ein Vorschlag, mit dem Sie die Beschenkten nicht nur erfreuen, sondern auch verblüffen können!

Wasser, Essig, Zucker und Salz zusammen aufkochen, Zwiebel schälen und grob schneiden. Alle Zutaten in den kochenden Sud geben, vom Feuer nehmen und abgedeckt ziehen lassen. Das volle Aroma entfalten die Radieschenschoten erst nach 2 bis 3 Tagen in diesem Sud und halten sich darin im Kühlschrank 4 Wochen. Sollen sie eingeweckt werden, müssen sie mit dem Sud erst noch einmal richtig aufkochen, bevor sie in heiß ausgespülte Schraubgläser abgefüllt, verschlossen und zum Abkühlen auf den Kopf gestellt werden.

Dinkelsalat mit wilden Blättern und Blüten

300 g Dinkel, 6–8 Klettenblattstiele, 4–5 Knoblauchblätter, Kapuzinerkresseblätter, Radieschenblüten, wilde Rauke und andere wilde Salatzutaten, grob geschnitten zusammen etwa 1 Litermaß voll

Dressing:
200 g Sahnejoghurt (10 %), 100 g Magerquark, 3 EL Milch, 2 EL Öl, 1 EL roter Weinessig, 1 TL fein gehackte Ysopblättchen oder Fenchelblätter, Pfeffer und Salz

Ich serviere recht gern Dinkel als heimische Alternative zu Reis. Dabei greife ich auch auf die inzwischen überall erhältliche Parboiled-Version zurück, die wie bei Reis heute längst üblich deutlich kürzere Kochzeiten ermöglicht. Trotzdem sollte man das Salz dem Kochwasser erst gegen Ende der Kochzeit zufügen, sonst kann es deutlich länger dauern.

Dinkel wie Reis garen und auskühlen lassen. Klettenblattstiele gut abreiben, ggf. zähe Rippen abziehen und in 3 cm lange Stücke schneiden. Separat ebenfalls in Salzwasser bissfest garen, abgießen und abkühlen lassen. Alle restlichen Zutaten grob schneiden und mit Klette und Dinkel mischen.
Für das Dressing alle Zutaten miteinander verrühren und kräftig abschmecken, den Salat damit marinieren und noch einige Minuten durchziehen lassen.

Zucchini-Radieschen-Senfgemüse

↗ siehe Abb.

2 Zwiebeln, 1 mittelgroße gelbe Zucchini, 1 ½ Tassen zarte Radieschensamenschoten, 2 EL Öl, Salz, 100 ml Gemüsebrühe, 2 EL milder körniger Senf, 1 TL scharfer Senf, 50 g Frischkäse, 1–2 TL Zitronensaft, 1 zartes Meerrettichblatt

Ein leichtes Sommergemüse, das sehr gut zu gedünstetem Fisch passt.

Zwiebeln würfeln, Zucchini in Stifte schneiden, beides zusammen mit den Radieschen in Öl anschwitzen, Salz und Senf zugeben und mit der Brühe auffüllen. Zugedeckt einige Minuten knapp bissfest dünsten. Meerrettichblatt ganz fein schneiden, zusammen mit Frischkäse und Zitronensaft unterrühren und nochmals abschmecken.

Schnittlauch, Lauchzwiebel & Co.

[Allium schoenoprasum, Allium fistulosum]

»Das ist doch Schnittlauch – die Blüten schneide ich immer weg!«, sagt eine Besucherin und staunt nach der Blütenkostprobe: »Schmeckt wie Schnittlauch.« Wer hätte das gedacht! Schade eigentlich, dass sich solche Irrtümer wie »nicht verwendbare Blüten« so hartnäckig halten.

Es stimmt, Blütezeit ist bei den Pflanzen wie Pubertät bei uns – es ändert sich die Chemie im Körper. Danach ist nichts wie vorher, vor allem oft der Geschmack der Blätter nicht. Ich mag Schnittlauch auch jung und zart sehr gern. Wenn aber die zartlila Blüten aufgehen, frage ich mich jedes Mal, woher es kommt, dass man das Grüne überhaupt isst. Die Blüten sind viel intensiver, genau so schnell zu ernten und sehen auch noch lila aus! Und

schließlich ist nach der Blütenernte immer noch Gelegenheit, alles abzuschneiden, damit das Ganze noch einmal austreibt.

Noch viel mehr würde ich aber entbehren, wenn ich mich an die alljährlichen »fachkundigen« Zeitungsartikel hielte, die verkünden: Bärlauch darf man nicht mehr ernten, wenn er blüht. – Na die Blätter nicht, die schmecken dann ja nicht mehr, deshalb ernte ich sie eher – aber auch nur, weil sie nicht mehr schmecken würden! Keinerlei Pflanzenteile werden jemals giftig, egal in welchem Stadium. Dafür schmecken die Bärlauchknospen dann umso besser und sind süß-sauer eingelegt eine Wucht. Ich gestehe: Eine Blütenernte-Ausnahme mache ich bei den gelben Sternen des Goldlauchs, der sich gern erst noch kräftig vermehren darf, auch durch Samen.

Garten. Schnitt- und Zwiebellauch treibt auch, wenn er erst nach der Blüte geschnitten wird, für eine zweite Ernte kräftig durch. Bleiben ggf. nicht verspeiste Blüten dann noch stehen, können die problemlos ausreifenden Samen entweder im Garten oder für Keimsprossen auf der winterlichen Fensterbank wieder ausgesät werden.

Küchentipps. Die Blüten aller Laucharten sind nicht nur essbar, sondern viel runder im Geschmack und längst nicht so streng oder scharf wie zuweilen die Blätter. Sie lassen sich ebenso verwenden wie die Blätter oder Blattröhren. So viel Hitze wie die Knollen oder Brutzwiebelchen von Knoblauch oder Küchenzwiebel vertragen sie aber natürlich nicht.

Kräuter-Muffins mit Blütenbutter und Schinken

1 Lauchzwiebelblüte, 1 große Handvoll Wild- und Würzkräuter (Giersch, Melde, Franzosenkraut, wenig Gundermann, Ysop, Oregano – je nach Jahreszeit, Angebot und Vorliebe), 250 g Vollkornmehl, 2 TL Backpulver, Salz, Pfeffer, 2 Eier, 50 ml Öl, 20 g geriebener Käse, ¼ l Milch

Für mich sind herzhafte Muffins auch schon ohne Butter und Schinken eine gute Gelegenheit, unterwegs oder zwischendurch »was Vernünftiges« zu essen und nicht beim Bäcker und seinen Süßigkeiten zu landen. Darum gibt es eigentlich immer einen kleinen Vorrat im Gefrierfach – zum Mitnehmen.

Die Kräuter waschen und hacken. Die Zwiebelblüten auszupfen. Das Mehl in eine Schüssel geben und mit Backpulver, Salz und Pfeffer vermischen. Die Kräuter und Zwiebelblüten mit den trockenen Zutaten vermengen. Die Eier in einer zweiten Schüssel verquirlen. Das Öl, den Käse und die Milch dazugeben und gut verrühren. Die Mehlmischung hinzufügen und nur so lange rühren, bis die trockenen Zutaten feucht sind. Den Backofen auf 180 °C vorheizen. Das Muffinblech einfetten, den Teig bis zu zwei Drittel Höhe in die Muffinförmchen einfüllen. 15 bis 20 Minuten backen, herausnehmen und 5 Minuten in der Form ruhen lassen. Danach herauslösen und auskühlen lassen.

Für die Blütenbutter Schnittlauchblüten, Ringelblumen, echte Pimpinelleblüten (Bibernelle) und Natternkopf auszupfen, mit weicher Butter verkneten, mit Salz abschmecken und kalt stellen.

Inzwischen eine Creme aus Frischkäse, wenigen Tropfen Öl, einem Spritzer Essig und einem Löffel kräftigen Tafelmeerrettich herstellen und in einen Spritzbeutel füllen.

Die Muffins aufschneiden und mit Blütenbutter bestreichen, rohen Schinken auflegen und Meerrettichcreme aufspritzen. Deckel wieder aufsetzen.

Rezeptverzeichnis

Käse

Fisch und Fleisch

Süßes

Knabbern und Kleinigkeiten

Getränke

Zum Schluss

möchte ich noch danke sagen:

- zuerst meinem Mann Jörg für seine Geduld beim gemeinsamen Ernten und Ausprobieren, für seine produktive Kritik, aber auch für seine schrägen Ideen für Geschmackskombinationen, die mir allein nie in den Sinn gekommen wären;
- so manchem Nachbar und Familienmitglied für begeisterte wie auch Nase rümpfende Kommentare und Steilvorlagen, ohne die die Kräuterhexerey fade und dieses Buch wohl so nicht möglich gewesen wäre;
- vielen Gästen und Kursteilnehmern für ihre Nachfragen und das Mut machende »Danke, weiter so!«

Ich kann versprechen: Ich bleibe dem wilden Grün auf den Fersen. Vielleicht schauen Sie bei mir mal über den Gartenzaun? (Und wenn nicht, dann wenigstens auf meine Website www.kraeuterhof-falkenhain.de?) Bis bald!